PRACTICE MAKES PERFECT

French Pronouns and Prepositions

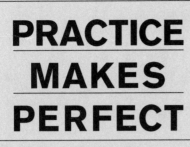

**PRACTICE
MAKES
PERFECT**

French
Pronouns
and
Prepositions

Second Edition

Annie Heminway

New York Chicago San Francisco Lisbon London Madrid Mexico City
Milan New Delhi San Juan Seoul Singapore Sydney Toronto

1 2 3 4 5 6 7 8 9 10 11 12 13 14 15   QDB/QDB   1 9 8 7 6 5 4 3 2 1

ISBN 978-0-07-175385-2
MHID   0-07-175385-0

Library of Congress Control Number: 2010936010

The illustrations on page 118 are adapted from images © 2006 Jupiterimages Corporation.

McGraw-Hill books are available at special quantity discounts to use as premiums and sales promotions or for use in corporate training programs. To contact a representative, please e-mail us at bulksales@mcgraw-hill.com.

This book is printed on acid-free paper.

Contents

Introduction

Passé composé or *passé simple*? *Imparfait* or *plus-que-parfait*? Present participle or past participle? Conditional or subjunctive? Comparative—or could it be superlative? And when it comes to pronouns and prepositions, the plot thickens!

So many times students have walked into one of my classes—an advanced grammar, creative writing, translation, or literature class—having studied French for years, but with an amazingly vague knowledge of pronouns, sometimes unsure about the difference between a direct and an indirect object pronoun. They often give me the "Oh, it sounds better" rap when I ask them why they've used one pronoun instead of another.

Prepositions? A similar scenario. I frequently meet quasi-bilingual individuals; some have a French parent, others work for international organizations or are diplomats. They always betray themselves, however, in the course of the conversation. Yes, a silly mistake: the wrong preposition. Do you want to be a spy or a double agent? Or do you simply want to master the French language? Better start working on those prepositions right now!

Practice Makes Perfect: French Pronouns and Prepositions will help you find your way through the maze of French pronouns and prepositions. It's not all mystery. Someday, the relative, disjunctive, and interrogative pronouns, the prepositions **à** and **de** will be your best friends. You'll be able to show off in class, at work, at parties, and most important, you'll understand the nuances of the French language and appreciate it even more than you do now.

Practice Makes Perfect: French Pronouns and Prepositions offers detailed explanations of each topic covered, followed by examples and exercises. A French-English glossary is an aid to memorizing vocabulary. Work all the exercises in a unit (using a pencil), then—and only then—check the answers in the Answer Key at the back of the book. Once you've finished the book, start all over again. By repeating the pronouns and prepositions over and over, they will soon come to you *instinctivement*.

Bonne chance!

French Pronouns and Prepositions

PRONOUNS

A pronoun is a word whose grammatical function is to represent a noun already used in the same context. It can also play the role of an absent noun, often with a nuance of indefiniteness.

In other words, a pronoun is something that has an economic value. It prevents repetition and makes your sentences lighter and more beautiful.

For instance, if someone asked you, "Are you going to the theater tonight with your uncle, your aunt, and your nephews?", you would not reply, "Yes, I am going to the theater tonight with my uncle, my aunt, and my nephews." You would simply say, "Yes, I am going to the theater with them." **"Je vais au théâtre avec eux."** Eux (*them*) is a disjunctive pronoun that replaces the members of your family previously mentioned. And if someone asked you the following day, "Did you like the play?", you would answer, "I liked it a lot." **"Je l'ai beaucoup aimée."** The *l'* (*it*), replacing *the play*, is a direct object pronoun.

Part I of this book will guide you through the different kinds of French pronouns: fourteen chapters to help you master this important part of speech with the aid of a wide range of exercises. When in doubt about one of your answers, check the Answer Key at the back of the book.

You'll soon be able to artistically juggle all these pronouns and impress everyone around you with beautifully constructed sentences. Have fun!

Subject Pronouns

In English, there are seven subject pronouns: *I, you, he, she, it, we, they.* In French, however, there are more options, because a third-person subject pronoun must agree with the gender and number of the noun it's referring to. French also has two *you* forms, **tu** and **vous**, and one indefinite personal pronoun, **on**.

Singular		Plural	
je	*I*	**nous**	*we*
tu	*you* (informal)	**vous**	*you* (formal OR plural)
il	*he, it*	**ils**	*they* (masc. OR masc. and fem.)
elle	*she, it*	**elles**	*they* (fem. only)
on	*one, we* (informal)		

If *they* refers to both masculine and feminine nouns, use **ils. Elles** can only be used to refer to a group of exclusively feminine nouns.

The subject pronoun reveals who or what performs the action of the verb. The conjugated verb must agree in person and number with the subject, and the subject pronoun must reflect the gender and number of the noun(s) it replaces.

French uses two forms for *you*: **tu** and **vous**. Use **tu** for a singular and informal *you*. Use **vous** for the plural of **tu** or for the formal *you*. The verb **vouvoyer** means *to address someone as* **vous**; **tutoyer** is for the **tu** form. When you want to suggest the use of the **tu** form, just ask, **"On peut se tutoyer?"**

The **tu** form is used with family members, close friends, longtime acquaintances, children, and animals. The **vous** form is used to address someone you don't know well or someone with whom you want to maintain a certain degree of respect or distance.

In English, the pronoun *it* replaces inanimate nouns, for example, an idea or an object. In French, however, the pronouns **il** and **elle** replace both animate and inanimate nouns; use **il** to replace a masculine noun and **elle** to replace a feminine noun.

Antoine parle anglais.
Antoine speaks English.
Il parle anglais.
He speaks English.

Le camion est garé devant la poste.
The truck is parked in front of the post office.
Il est garé devant la poste.
It is parked in front of the post office.

Alice est danseuse.
Alice is a dancer.
Elle est danseuse.
She is a dancer.

La banque ouvre à quatorze heures.
The bank opens at 2 P.M.
Elle ouvre à quatorze heures.
It opens at 2 P.M.

exercice 1-1

Write the appropriate subject pronoun for the noun phrase in boldface.

1. **Anne** écrit des lettres à des amis. _____

2. **Les étudiants** passent un examen en mai. _____

3. **Armelle et Benoît** cherchent un nouvel appartement. _____

4. **La sœur de Fabrice** joue du piano à merveille. _____

5. **Le musée Guimet** est fermé aujourd'hui. _____

6. **Les chats** dorment près de la cheminée. _____

7. **Le vase en cristal** est posé sur la table basse. _____

8. **Aurélie et Florentine** vont au cinéma ce soir. _____

9. **Ce fromage de chèvre** est délicieux. _____

10. **La propriétaire de l'hôtel** est hongroise. _____

11. **La marquise au chocolat** est exquise. _____

12. **L'appareil numérique de Marie** est meilleur que le mien. _____

13. **Cette nouvelle technologie** va révolutionner le monde. _____

14. **Ces billets** sont bon marché. _____

15. **La chambre de Marc** donne sur le jardin. _____

16. **Les deux amies de Caroline** arriveront tard ce soir. _____

17. **Le chien** n'aime pas manger dans la cuisine. _____

18. **Tante Béatrice** adore le chocolat. _____

19. **Les ministres** se réunissent le jeudi à 15 heures. _____

20. **L'ordinateur de Ludovic** est performant. _____

exercice 1-2

Write the appropriate subject pronoun(s) for each conjugated verb form. You may have more than one option for some verb forms.

1. _____ mangeons
2. _____ vais
3. _____ parlez
4. _____ regarde
5. _____ sait
6. _____ étudiez
7. _____ chantons
8. _____ choisit
9. _____ achètes
10. _____ est

11. _____ pensent
12. _____ lisez
13. _____ ont
14. _____ achetons
15. _____ as
16. _____ t'amuses
17. _____ finissez
18. _____ expliquent
19. _____ donnons
20. _____ venez

exercice 1-3

Complete each sentence, using the appropriate form of the verb in parentheses.

1. Nous _____ (aimer) beaucoup chanter.

2. Tu _____ (entrer) dans le château.

3. Elle _____ (commander) un thé au citron.

4. Vous _____ (arriver) toujours en avance.

5. Il _____ (détester) le froid.

6. Je _____ (aller) à l'opéra ce soir.

7. Ils _____ (voyager) souvent en Bretagne.

8. Nous _____ (désirer) assister à la réunion.

9. Vous _____ (jouer) au tennis mieux que lui.

10. Tu _____ (dîner) avec Julie et ses amis.

11. Elle _____ (habiter) dans un appartement près de la Seine.

12. Je _____ (regarder) un film de Tavernier.

13. Ils _____ (travailler) parfois le samedi.

14. Nous _____ (écouter) une émission à la radio.

15. Tu _____ (demander) un conseil à ton ami.

16. On _____ (parler) anglais dans ce grand magasin.

17. Elles _____ (porter) des lunettes de soleil.

18. Nous _____ (répondre) aux questions.

19. Tu _____ (avoir) beaucoup d'imagination.

20. Elle _____ (savoir) jouer de la guitare.

exercice   1-4

Translate the following sentences into French.

1. He buys milk. _____

2. You (**tu**) answer the questions. _____

3. I go to the opera. _____

4. They work in Nice. _____

5. What do you (**tu**) want to buy? _____

6. She explains the situation. _____

7. We read the newspaper. _____

8. Do you (**vous**) speak Spanish? _____

9. Do they have a lot of friends in Paris? _____

10. Do you (**vous**) have a cat? _____

11. She plays tennis. _____

12. He wears glasses. _____

13. She is watching television. _____

14. I am studying Italian. _____

15. They are American. _____

16. We love to sing. _____

17. Do you (**tu**) listen to the radio? _____

18. He loves to travel. _____

19. Do you (**vous**) have any lemon? _____

20. She is French. _____

Il is also used in certain indefinite expressions. For example, expressions about weather and time require **il**.

Il pleut.
It is raining.

Il fait beau.
The weather is nice.

Quelle heure est-il?
What time is it?

exercice　　1-5

Translate the following sentences into French, using expressions with the indefinite subject pronoun **il**.

1. Unfortunately, it's snowing. _____

2. What time is it? _____

3. It's nice out. Let's go to the park! _____

4. It's too hot. Open the window. (**vous**) _____

5. It's too cold to go out. _____

6. Is it raining? Do you (**vous**) want to go out?

   _____

7. Is it nice out? _____

8. Is it seven o'clock? Turn on the television! (**vous**)

   _____

9. Because it's raining, we can't play tennis.

   _____

10. It's already midnight. _____

The pronoun **on** has several different meanings. It is used to state a general fact or rule, it means **nous** in a less formal way, and it can also mean **tu** in a sarcastic way. The verb is conjugated in the third-person singular. When **on** means *we*, adjectives and past participles that agree with **on** are plural.

> **On** parle français en Guadeloupe.
> ***They*** *speak/**One** speaks French in Guadeloupe.*

> Au Maroc, **on** boit du thé à la menthe.
> *In Morocco, **they** drink mint tea.*

> **On** va au cinéma ce soir?
> *Shall **we** go to the movies tonight?*

> **On** va faire un tour dans le parc?
> *Shall **we** take a walk in the park?*

> **On** est étonnés de leur succès.
> ***We*** *are surprised by their success.*

> **On** est ravis que vous ayez pu venir.
> ***We*** *are delighted you were able to come.*

> Ah, Pierre, **on** s'amuse en classe!
> *Ah Pierre, **we**'re having fun in class!*

> **On** ne doit pas se comporter ainsi.
> ***You*** *must not behave this way.*

> **On** ne dit pas de telles choses.
> ***You*** *do not say such things.*

exercice   **1-6**

*Create sentences from the elements below, using the subject pronoun **on**.*

1. faire du ski / au Colorado _____

2. fabriquer des horloges / en Suisse _____

3. aimer la mode / en France _____

4. danser le flamenco / en Espagne _____

5. manger du couscous / au Maghreb _____

6. aimer le kabuki / au Japon _____

7. produire du café / en Colombie _____

8. aimer le chocolat / en Belgique _____

9. produire du cacao / en Côte d'Ivoire _____

10. cultiver les tulipes / en Hollande _____

exercice   **1-7**

*Translate the following sentences into French, using the **on** construction.*

1. Are we going to the beach? _____

2. Chinese is spoken here. _____

3. One must eat fruit every day. _____

4. You must not speak too loud in a museum. _____

5. We study French in this school. _____

6. One must arrive at work on time. _____

7. Shall we go to Paul's party? _____

8. We are delighted by her nomination. _____

9. In Switzerland, they eat fondue. _____

10. Where can you buy a bottle of mineral water?

_____

Demonstrative Pronouns

You have studied the demonstrative adjectives (**ce**, **cet**, **cette**, **ces**) used to point out people and things.

> **Ce** programme est fascinant.
> *This program is fascinating.*

> **Cet** accord nous donne de l'espoir.
> *This agreement gives us hope.*

> **Cet** hôtel est confortable.
> *This hotel is comfortable.*

> **Cette** musique est monotone.
> *This music is monotonous.*

> **Ces** gens sont sérieux.
> *These people are serious.*

The demonstrative pronoun assumes different forms.

The pronoun **ce** is invariable and often appears as the subject of the verb **être**.

> **C'est** incroyable!
> *This is incredible!*

> **C'est** ce qui inquiète les Français.
> *This is what worries the French.*

> **C'est** ce que je regrette le plus.
> *This is what I regret the most.*

C'est refers to a previously introduced idea or event, and the adjective that follows it is in the masculine singular form. It is often used to stress an idea.

> La musique classique, **c'est** beau!
> *Classical music is beautiful!*

> La grammaire française, **c'est** amusant!
> *French grammar is fun!*

> Les cadeaux qu'il a reçus, **c'est** magnifique!
> *The presents he received are wonderful!*

The indefinite demonstrative pronouns **ceci** (*this*), **cela** (*that*), and **ça** (*this/that,* familiar) refer to indefinite things or ideas. **Ceci** may initiate a statement and also announce a following sentence. **Cela** may refer to something already mentioned.

> Mangez **ceci**!
> *Eat this!*

> **Ceci** n'est pas une pipe.
> *This is not a pipe.*

> N'oubliez pas **ceci**: il est important de ne pas déplaire à votre patron.
> *Don't forget this: It's important not to displease your boss.*

> Ne mangez pas **cela**!
> *Do not eat this!*

> Prenez **ça**, c'est plus joli!
> *Take this, it's nicer!*

A demonstrative pronoun replaces either a demonstrative adjective plus a noun or a specific noun. It agrees in gender and number with the noun it replaces, and it can refer to people or things.

Singular		Plural	
celui	*the one* (masc.)	**ceux**	*the ones* (masc. OR masc. and fem.)
celle	*the one* (fem.)	**celles**	*the ones* (fem. only)

> **Celui** qui danse le tango, c'est mon beau-frère.
> *The man who is dancing the tango is my brother-in-law.*

> **Celle** avec qui Marianne parle, c'est une de mes collègues.
> *The woman with whom Marianne is speaking is one of my colleagues.*

> Je n'ai pas **ceux** dont tu as besoin.
> *I do not have the ones you need.*

> **Celles** qu'il fabrique sont en acier.
> *The ones he makes are of steel.*

> **Celui** qui est sur votre gauche, est en fibre de verre.
> *The one on your left is fiberglass.*

Note that in English constructions of this type, one often specifies *woman* or *man*. French accomplishes this with the gender of the demonstrative pronoun.

exercice 2-1

Write the appropriate demonstrative pronoun for the noun phrase in boldface.

1. **Le livre** qui est sur la table est en swahili. _____

2. Je ne connais pas **les histoires** qu'il raconte. _____

3. Nous avons peur **des tempêtes** qu'ils annoncent. _____

4. **La femme** qui est en rouge danse à merveille. _____

5. **Les documents** que Laurent a apportés ont disparu. _____

6. Ne prenez pas **les feuilles** qui sont sur le bureau d'Hélène. _____

7. **Les gens** qui ne sont pas contents, tant pis! _____

8. Je n'aime pas **les fleurs** qu'elle a achetées. _____

9. **Le meuble** que tu regardes est à vendre. _____

10. **Les pièces** qui sont sur le comptoir sont des centimes d'euro. _____

11. **L'employé** à qui il parle est très gentil. _____

12. **Les croissants** que tu fais sont délicieux. _____

13. **La chaise** sur laquelle il est assis est fragile. _____

14. **Les spectateurs** qui sont là sont enthousiastes. _____

15. **L'avion** que l'on attend a du retard. _____

16. **La boulangerie** sur votre gauche est fermée le mardi. _____

17. Vous préférez **le parc** qui est en face de chez moi? _____

18. **Le sac bleu** qui est par terre est à moi. _____

19. Tu n'as pas besoin de **la bicyclette** de ton frère. _____

20. Ne prends pas **les chaussures** qui sont mouillées. _____

---

exercice   2-2

Translate the following sentences into French, using a demonstrative pronoun for the words in italic.

1. *The man (the one)* who likes chocolate is Paul.

   _____

2. I love white wine, but *the one* you (**vous**) bought yesterday is too sweet.

   _____

3. Your (**vous**) neighbors are nice, but *those* on your left make too much noise.

   _____

4. I do not like her car. *The one* she had before was nicer.

   _____

5. This croissant is good, but *the ones* we make are better.

_____

6. This cat is adorable, but *the one* sitting on the chair is my favorite.

_____

7. *The man* (*the one*) who is playing the violin is my brother.

_____

8. Mathilde loves André's bookstore, but I prefer *the one* on the Left Bank.

_____

9. Baguettes in this bakery are fairly good, but *the one* we ate yesterday was the crustiest.

_____

10. I forgot my new dictionary at home. *The one* I have at the office is too old.

_____

Compound demonstrative pronouns are used to compare elements of the same type or to indicate a choice between two objects or two human beings. The particles **-ci** and **-là** are added to the demonstrative pronouns.

Singular		Plural	
celui-ci	*this one* (masc.)	**ceux-ci**	*these* (masc. OR masc. and fem.)
celui-là	*that one* (masc.)	**ceux-là**	*those* (masc. OR masc. and fem.)
celle-ci	*this one* (fem.)	**celles-ci**	*these* (fem. only)
celle-là	*that one* (fem.)	**celles-là**	*those* (fem. only)

Celui-ci est bon marché. **Celui-là** est cher.
This one is cheap. That one is expensive.

Celle-ci est en coton. **Celle-là** est en soie.
This one is cotton. That one is silk.

Ceux-ci sont authentiques. **Ceux-là** sont faux.
These ones are authentic. Those ones are fake.

exercice 2-3

Write the appropriate compound demonstrative pronoun for the noun phrase in boldface.

1. Cette voiture-ci est performante. **Cette voiture-là** a une plus belle ligne. _____

2. Cet appartement-ci est confortable. **Cet appartement-là** est bien situé. _____

3. Cet homme-ci est breton. **Cet homme-là** est gascon. _____

4. Ce tableau-ci est de Renoir. **Ce tableau-là** est de Matisse. _____

5. Cette chatte-ci est timide. **Cette chatte-là** est audacieuse. _____

6. Ce coiffeur-ci s'appelle Michel. **Ce coiffeur-là** s'appelle Romain. _____

7. Ces aquarelles-ci sont vendues. **Ces aquarelles-là** sont à vendre. _____

8. Ce vin-ci est un bourgogne. **Ce vin-là** est un bordeaux. _____

9. Cette imprimante-ci marche bien. **Cette imprimante-là** marche mieux. _____

10. Ces enfants-ci sont sages. **Ces enfants-là** sont turbulents. _____

11. Cette chanteuse-ci est québécoise. **Cette chanteuse-là** est irlandaise. _____

12. Ce vase-ci est en cristal. **Ce vase-là** est en porcelaine. _____

13. Cette mission-ci est facile. **Cette mission-là** est dangereuse. _____

14. Ce prénom-ci est grec. **Ce prénom-là** est arabe. _____

15. Ce patient-ci s'est cassé le bras. **Ce patient-là** s'est foulé la cheville. _____

16. Cette femme-ci porte un chapeau de paille. **Cette femme-là** porte un chapeau en mousseline blanche. _____

17. Ce conférencier-ci parle vite. **Ce conférencier-là** parle lentement. _____

18. Ce chef-ci fait un soufflé. **Ce chef-là** fait une marquise au chocolat. _____

19. Cet employé-ci s'appelle Karim. **Cet employé-là** s'appelle Julien. _____

20. Ces films-ci sont sous-titrés. **Ces films-là** sont doublés. _____

exercice   2-4

Translate the following sentences into French, using a demonstrative pronoun for the words in italic.

1. Yvonne gave me two books: *This one* is a detective novel, and *that one* is a romance novel.

   _____

2. These shoes are elegant, but *those* are more comfortable.

   _____

3. This magazine is horrible, but I love *that one*.

   _____

4. Which bookstore do you (**tu**) prefer? *This one* or *that one*?

   _____

5. Look at these two women! *This one* plays the guitar, *that one* plays the violin. (**vous**)

   _____

6. This journalist is famous, *that one* is unknown.

   _____

7. Here are two suits: *This one* is blue, *that one* is gray.

   _____

8. This apartment is large, but *that one* is closer to my office.

   _____

9. Which wine are you (**vous**) drinking? *This one* or *that one*?

   _____

10. Do you (**vous**) want to go to this store or *that one*?

    _____

Disjunctive Pronouns

In French, there are several uses for disjunctive (also called stressed or tonic) pronouns. As usual, French distinguishes between the informal or singular **toi** and the formal or informal plural **vous**.

Singular		Plural	
moi	*me*	**nous**	*us*
toi	*you* (informal)	**vous**	*you* (formal OR plural)
lui	*him*	**eux**	*them* (masc. OR masc. and fem.)
elle	*her*	**elles**	*them* (fem. only)
soi	*oneself*		

The disjunctive pronoun can be used for emphasis. While English uses tone for emphasis, French uses repetition.

> Elle est intelligente, **elle**.
> **She** *is intelligent.*

> **Vous**, vous pourriez interpréter ce rôle.
> **You** *could play this role.*

> **Toi**, tu aimes le cinéma indien, mais Pierre, **lui**, il ne l'aime pas.
> **You** *like Indian movies, but* **Pierre** *does not.*

The disjunctive pronoun can be used to answer questions elliptically, often with the adverbs **aussi** (to reinforce a positive sentence) or **non plus** (to reinforce a negative sentence).

> —Qui a fait ça? —**Moi.**
> *"Who did this?" "***I*** did."*

> —Qui veut du thé? —**Nous.**
> *"Who wants tea?" "***We*** do."*

> Elle adore prendre le TGV. **Lui** aussi.
> *She loves taking the TGV express train. So does* **he**.

> Ils lisent *Le Monde* tous les jours. **Eux** aussi.
> *They read* Le Monde *every day. So do* **they**.

> Il n'aime pas les romans de Maupassant. **Elle** non plus.
> *He does not like Maupassant's novels. Neither does* **she**.

> Sandra ne prend pas assez de vitamines. **Eux** non plus.
> *Sandra does not take enough vitamines. Neither do* **they**.

exercice 3-1

Replace the sentence in boldface with a disjunctive pronoun + **aussi**.

1. Il prend beaucoup de photos. **Son amie prend beaucoup de photos.** _____

2. Noéline adore le chocolat. **Ses amies adorent le chocolat.** _____

3. Vous circulez en métro. **Votre mari circule en métro.** _____

4. Nous mangeons des pâtes. **Nos voisins mangent des pâtes.** _____

5. Elle apprend l'espagnol. **Son frère apprend l'espagnol.** _____

6. Tu passes un examen en juin. **Je passe un examen en juin.** _____

7. Ils aiment chanter. **Nous aimons chanter.** _____

8. Tu arrives en retard. **J'arrive en retard.** _____

9. Aurélie et Jean vont au cinéma. **Tu vas au cinéma.** _____

10. J'étudie l'histoire de l'art. **Elles étudient l'histoire de l'art.** _____

exercice 3-2

Replace the sentence in boldface with a disjunctive pronoun + **non plus**.

1. Antoine ne fait pas de sport. **Corinne ne fait pas de sport.** _____

2. Elles ne vont pas à la plage. **Je ne vais pas à la plage.** _____

3. Nous ne travaillons pas le samedi. **Elle ne travaille pas le samedi.** _____

4. Il n'assiste pas à la conférence. **Vous n'assistez pas à la conférence.** _____

5. Tu ne prends pas l'autobus. **Nous ne prenons pas l'autobus.** _____

6. Il ne porte pas de lunettes. **Tu ne portes pas de lunettes.** _____

7. Tu ne manges pas d'escargots. **Il ne mange pas d'escargots.** _____

8. Elle ne regarde pas la télévision. **Je ne regarde pas la télévision.** _____

9. Vous ne parlez pas italien. **Luc ne parle pas italien.** _____

10. Armelle n'aime pas le froid. **Je n'aime pas le froid.** _____

French uses the disjunctive pronouns with **c'est... qui**, **ce sont... qui**. Again, where English uses tone for emphasis, French uses repetition. **Ce sont... qui** is used only for **ils** and **elles**.

Il a tort.
He is wrong.
C'est lui qui a tort.
He is wrong.

J'ai raison.
I am right.
C'est moi qui ai raison.
I am right.

Nous sommes en avance.
We are early.
C'est nous qui sommes en avance.
We are early.

Elles aiment le ballet moderne.
They like modern ballet.
Ce sont elles qui aiment le ballet moderne.
They like modern ballet.

Ils détestent le bruit.
They hate noise.
Ce sont eux qui détestent le bruit.
They hate noise.

exercice   3-3

Rewrite the following sentences, using either **c'est... qui** *or* **ce sont... qui**.

1. Il joue de la clarinette.

   _____

2. La sénatrice fait un discours à 20 heures.

   _____

3. Tu as plusieurs voitures de sport.

   _____

4. Ils voyagent souvent en Italie.

   _____

5. Je cherche un appartement dans le 11ème arrondissement.

   _____

6. Ce chat dort toute la journée.

   _____

7. Cet ouvrier est en grève.

_____

8. Vous avez un grand jardin.

_____

9. Tu offres des chocolats.

_____

10. Elle lit des revues scientifiques.

_____

11. Il déjeune tous les jours au restaurant.

_____

12. Elles habitent au quatrième étage.

_____

13. Tu te comportes d'une manière bizarre.

_____

14. Nous parlons japonais.

_____

15. Ils élaborent une nouvelle théorie.

_____

16. Tu finis tard tous les soirs.

_____

17. Il mange des œufs tous les jours.

_____

18. Nous sommes surpris du changement de programme.

_____

19. Je ferme la porte à clé après le départ des employés.

_____

20. Vous faites la cuisine ce soir.

_____

The disjunctive pronoun is used in comparisons.

plus... que	*more . . . than*
moins... que	*less . . . than*
aussi... que	*as . . . as*
autant... que	*as much as, as many as*

Elle est plus grande que **toi**.
She is taller than you are.

Nous sommes moins pressés que **vous**.
We are less rushed for time than you are.

Tu es aussi compétent que **lui**.
You are as competent as he is.

Vous avez autant de dictionnaires qu'**eux**.
You have as many dictionaries as they have.

exercice   3-4

Write the appropriate disjunctive pronoun for the phrase in boldface.

1. Nous sommes moins sportifs **que nos amis**. _____

2. Gabriel est plus efficace **que toi et moi**. _____

3. Tu es aussi tolérant **que ta sœur**. _____

4. Yves court moins vite **que les autres athlètes**. _____

5. Ce journaliste prend plus de risques **que son ami Patrick**. _____

6. Nous avons payé aussi cher **que toi et elle**. _____

7. Je suis plus petite **que ma tante**. _____

8. Elle a autant d'argent **que toi et moi**. _____

9. Mon chat est plus agile **que mon chien**. _____

10. Nathalie parle mieux le polonais **que sa petite sœur**. _____

The disjunctive pronoun is used in conjunction with another subject noun or pronoun. Here again, it is for emphasis.

Youssef et **moi**, nous allons rénover cette maison.
Youssef and I, we are going to renovate this house.

Toi et **moi**, on va aller à Venise au printemps.
You and I, we're going to Venice in the spring.

Vous et **lui**, vous allez m'aider à trier tous ces papiers.
You and he, you are going to help me sort out all these papers.

The disjunctive pronoun can replace the subject pronoun in compound subjects.

Lola et moi allons préparer le dîner pour nos amis.
Lola and I are going to prepare dinner for our friends.

Noëlle et lui adorent le fromage de chèvre.
Noëlle and he love goat cheese.

Lui et moi allons faire la vaisselle.
He and I are going to do dishes.

For additional emphasis, the disjunctive pronoun followed by **-même(s)** translates as *-self/-selves.*

Je peux le faire **moi-même**.
I can do it myself.

Est-ce qu'il a construit sa maison **lui-même**?
Did he build his house himself?

Nous allons résoudre ce problème **nous-mêmes**.
We are going to resolve this problem ourselves.

<table><tr><td>**exercice**</td><td>**3-5**</td></tr></table>

*Translate the following sentences into French, using the **-même(s)** construction.*
For questions, invert the subject and verb.

1. Are they doing it themselves?

   _____

2. Is he writing the novel himself?

   _____

3. We are organizing the trip ourselves.

   _____

4. Are you (**tu**) making dinner yourself?

   _____

5. Are you (**vous**) writing the cookbook yourself?

   _____

6. Does he clean the apartment himself?

   _____

7. You (**tu**) must try to do it yourself.

   _____

8. My sister wants to do it herself.

   _____

9. Why can't they read the documents themselves?

   _____

10. I will take the pictures myself.

   _____

Disjunctive pronouns are used after prepositions. Here are a few common prepositions.

à côté de	_next to_
après	_after_
autour de	_around_
avant	_before_
avec	_with_
chez	_at, with_
contre	_against_
derrière	_behind_
devant	_in front of, before_
en	_in_
entre	_between_
loin de	_far from_
par	_by_
parmi	_among_
près de	_close to_
sans	_without_
sous	_under_
sur	_on_

Asseyez-vous à côté de **nous**.
Sit next to us.

Le roi avait ses favorites autour de **lui**.
The king had his favorites around him.

—Chez Zola, quel est l'un des thèmes récurrents? —Chez **lui**, c'est sans aucun doute la misère.
"With Zola, what is one of the recurring themes?" "With him, it is no doubt misery."

Tout le monde est contre **elle**.
The whole world is against her.

Tu vas partir sans **eux**?
Are you leaving without them?

| exercice | 3-6 |

Write the appropriate disjunctive pronoun for the phrase in boldface.

1. Il va au théâtre avec **sa belle-sœur**. _____

2. Nous arriverons quelques minutes après **mon oncle**. _____

3. Tu veux venir avec **ton frère**? _____

4. Il habite près **de ses meilleurs amis**. _____

5. —Tu as lu Victor Hugo? —Oui, et chez **Hugo**, tout est sublimé. _____

6. Il va au stade avec **toi et ta copine**. _____

7. Sans **ses parents**, il ne serait rien. _____

8. Elle est contre **ces candidats**. _____

9. Parmi **ses amis**, certains sont musiciens. _____

10. Il souffre d'être loin **de son amie Carole**. _____

| exercice | 3-7 |

Translate the following sentences into French.

1. Alice and Paul do not live far from our house.

   _____

2. The guide is speaking in front of them.

   _____

3. Her parents live near her.

   _____

4. She made this film for them.

   _____

5. Without you (**tu**), I will not go to Tahiti!

   _____

6. Walk behind them! (**vous**)

   _____

7. She loves to travel with them.

_____

8. She is a wonderful writer. With her, everything is poetry.

_____

9. He never travels without her.

_____

10. You (**tu**) love having dinner at their house, but not at my house.

_____

The expression **être à** + disjunctive pronoun indicates possession.

> Ces billets sont à **moi**.
> _These tickets are mine._

> Cette valise marron est à **elle**.
> _This brown suitcase is hers._

> Cette vieille voiture rouge n'est pas à **eux**.
> _This old red car is not theirs._

> C'est à **vous**?
> _Is it yours?_

The disjunctive pronoun **soi** (_oneself_) is used to refer to unspecified persons.

> Chacun pour **soi**.
> _Everyone for himself._

> Il ne faut pas parler de **soi**.
> _One must not talk about oneself._

> On se sent bien chez **soi**.
> _One feels great at home._

Translate the following text into French, using disjunctive pronouns.

Agnès and Fabien on vacation

It's up to him to decide between Nice and Paris. *I* always prefer Paris, but *he* likes to walk on the beach in the morning. We like to say hello to his cousins in Grenoble. We stay with them one or two days. Then we go to the Riviera. I like to travel with him. It's not fun to do everything alone, without him. If my friend Céleste is in Nice, we'll spend one evening with her. Between us, one evening is enough. She is against everything. It's exhausting.

_____

_____

_____

_____

_____

_____

Pronouns with Pronominal Verbs

The pronouns used with pronominal verbs—**me**, **te**, **se**, **nous**, and **vous**—agree in person and number with the subject pronoun. There are four types of pronominal verbs: reflexive, reciprocal, subjective, and passive, and they all use the same pronouns.

Reflexive Verbs

The most common pronominal verbs are reflexive verbs. While some verbs are reflexive in both French and English, many are reflexive only in French. Let's start with a reflexive verb that will come in handy.

je **m'**habille	*I dress myself*
tu **t'**habilles	*you dress yourself*
il **s'**habille	*he dresses himself*
elle **s'**habille	*she dresses herself*
on **s'**habille	*one dresses oneself*
nous **nous** habillons	*we dress ourselves*
vous **vous** habillez	*you dress yourselves*
ils **s'**habillent	*they dress themselves*
elles **s'**habillent	*they dress themselves*

Habiller versus *s'habiller*

Le premier valet **habille** Louis XIV.
The first valet dresses Louis XIV.

Mélanie **habille** son fils.
Mélanie dresses her son.

Habille-toi vite!
Get dressed quickly!

Il leur faut une heure pour **s'habiller**.
They need an hour to get dressed.

In the negative form, the reflexive pronoun is placed between **ne** and the conjugated verb.

> Nous ne **nous** amusons jamais chez eux.
> *We never have fun at their place.*

> Il ne **se** lève pas avant dix heures.
> *He does not get up before 10 o'clock.*

In the interrogative form using inversion, the pronominal pronoun remains before the verb and the subject follows the verb.

> Comment **t'**appelles-tu?
> *What is your name?*

> Pourquoi **vous** inquiétez-vous tant pour lui?
> *Why are you worrying so much for him?*

When using the **est-ce que** question form, the order remains the same as in the positive form.

> Est-ce que tu **te** prépares à partir en vacances?
> *Are you getting ready to go on vacation?*

> Pourquoi est-ce qu'il **se** cache derrière la porte?
> *Why is he hiding behind the door?*

In compound tenses, the past participle of a reflexive verb agrees with the subject. Pronominal verbs are always conjugated with **être** in compound tenses.

> Elle **s'est promenée** toute la journée.
> *She walked around the whole day.*

> Nous **nous sommes reposés** pendant nos vacances.
> *We rested during our vacation.*

> Je **me suis** bien **amusée** à la soirée.
> *I had a lot of fun at the party.*

exercice 4-1

Write the appropriate present-tense form of the verb in parentheses.

1. Nous _____ (se promener) dans le parc.

2. Elle _____ (se regarder) dans la glace.

3. Ils _____ (se reposer) dans le hamac.

4. Tu _____ (s'inquiéter) sans raison.

5. Il _____ (ne pas se coucher) avant minuit.

6. Vous _____ (se préoccuper) de votre avenir.

7. L'artiste _____ (se maquiller) dans sa loge.

8. Je _____ (se coiffer) avant de sortir.

9. Vous _____ (s'habiller) pour la soirée.

10. Il _____ (se déchausser) avant d'entrer.

11. La situation _____ (s'améliorer) peu à peu.

12. Nous _____ (se baigner) dans la mer.

13. Il _____ (se raser) avant la réunion.

14. Tu _____ (se réveiller) à l'aube.

15. Vous _____ (se balader) dans les ruelles de la ville.

16. Nous _____ (se salir) en faisant des réparations.

17. Il _____ (se doucher) après le match de tennis.

18. Tu _____ (s'arrêter) devant la vitrine.

19. Tu _____ (se déshabiller) pour aller te coucher.

20. Elles _____ (se détendre) au bord de la piscine.

In the negative imperative, the reflexive pronoun remains before the conjugated verb. In the positive imperative, though, the pronoun is placed after the verb and the **tu** form becomes **toi**. Remember that in the second-person singular imperative form, the **-s** ending is dropped.

> Ne **t'**arrête pas!
> *Don't stop!*
> Arrête-**toi**!
> *Stop!*
>
> Ne **nous** arrêtons pas!
> *Let's not stop!*
> Arrêtons-**nous**!
> *Let's stop!*
>
> Ne **vous** arrêtez pas!
> *Don't stop!*
> Arrêtez-**vous**!
> *Stop!*

exercice   4-2

Write the appropriate imperative form of the verb in each sentence.

1. Tu te balades le long de la Seine. _____

2. Vous vous arrêtez devant le magasin de jouets. _____

3. Tu ne te caches pas derrière un arbre. _____

4. Nous nous dépêchons pour arriver à l'heure. _____

5. Tu t'habilles à toute vitesse. _____

6. Vous vous reposez à l'ombre. _____

7. Tu te lèves à sept heures. _____

8. Vous vous maquillez pour le carnaval. _____

9. Tu te prépares pour le bal. _____

10. Vous vous amusez au pique-nique. _____

11. Tu ne t'arrêtes pas toutes les cinq minutes. _____

12. Vous vous lavez avec ce savon doux. _____

13. Tu te brosses après avoir joué avec le chien. _____

14. Nous nous promenons au bord de la mer. _____

15. Vous vous détendez pendant le week-end. _____

16. Tu te distrais en regardant un film. _____

17. Vous vous étendez sur le divan. _____

18. Tu t'allonges sur ton lit. _____

19. Tu te maries avec Julie. _____

20. Vous vous regardez dans le miroir vénitien. _____

Reciprocal Verbs

Reciprocal verbs, another type of pronominal verb, indicate that the subjects act on each other. The same pronouns—**me**, **te**, **se**, **nous**, and **vous**—are used. In compound tenses, the past participle does not agree with the subject in gender and number if the verb takes a preposition.

> Vous **vous** détestez depuis toujours.
> *You have been hating each other forever.*

> Ils **s'**aimaient tendrement.
> *They loved each other tenderly.*

> Ils **se** téléphonaient tous les jours.
> *They used to call each other every day.*

Ils **se** sont **embrassés**.
They kissed each other.

Vous **vous** êtes **dit** adieu à la gare.
You said farewell at the station.

Nous **nous** sommes **parlé** pendant des heures.
We talked to each other for hours.

exercice   4-3

*Write the appropriate **imparfait** form of the reciprocal verb in parentheses.*

1. Ils _____ (se haïr) violemment.

2. Nous _____ (se téléphoner) tous les soirs.

3. Vous _____ (se quitter) toujours avec regret.

4. On _____ (se voir) assez souvent.

5. Nous _____ (se parler) de choses et d'autres.

6. Ils _____ (se détester) depuis l'enfance.

7. Nous _____ (s'écrire) de longues lettres.

8. Ils _____ (se répondre) par retour du courrier.

9. Vous _____ (s'aimer) à la folie.

10. Nous _____ (se disputer) sans cesse.

exercice   4-4

Rewrite the following sentences in the passé composé. Be sure to make the past participle agree with the subject in gender and number, where appropriate.

1. Ils se cherchent dans la foule. _____

2. Tu te caches dans le grenier. _____

3. Elle s'amuse avec ses copines. _____

4. Ils s'aiment, sans l'ombre d'un doute. _____

5. Céleste se couche tard. _____

6. Marc s'assoit sur un banc. _____

7. Ils s'enrichissent. _____

8. Elles s'observent de loin. _____

9. Il se coupe avec un couteau pointu. _____

10. L'opéra se vide peu à peu. _____

11. Ils se rencontrent en mars. _____

12. La porte s'ouvre brusquement. _____

13. Vous vous embrassez devant la fontaine.

_____

14. La bougie s'éteint. _____

15. Vous vous dites bonjour. _____

16. La situation politique s'envenime. _____

17. Il s'éclipse tout de suite après sa conférence.

_____

18. La fenêtre se referme d'un seul coup. _____

19. Nous nous opposons à sa décision. _____

20. Tu te plies à ses exigences. _____

Subjective Verbs

Many pronominal verbs are neither reflexive nor reciprocal—they just happen to take a pronominal pronoun. These verbs are called subjective. The past participle agrees with the subject in gender and number. Some of these verbs take a preposition. Here is a short list of verbs of this type.

s'apercevoir de	*to notice, realize*
se douter de	*to suspect*
s'écrouler	*to collapse*
s'emparer de	*to grab*
s'en aller	*to leave*
s'enfuir	*to flee*
s'entendre	*to get along*
s'envoler	*to fly away*
s'évanouir	*to faint*
se faufiler	*to thread one's way through*
se fier à	*to trust*
se languir	*to languish*

se méfier de	to distrust
se passer	to happen
se plaindre de	to complain
se rendre compte de	to notice, realize
se repentir	to repent
se souvenir de	to remember
se taire	to be silent
se tromper	to be mistaken

exercice   4-5

Translate the following sentences into French, using a subjective pronominal verb with the appropriate pronoun.

1. She cannot trust her neighbor.

   _____

2. I decided to leave.

   _____

3. We remember our youth.

   _____

4. He realized there was a mistake on the bill.

   _____

5. Trust me! (**tu**)

   _____

6. He grabbed her bag.

   _____

7. With the wind, her newspaper flew away.

   _____

8. At night, you (**tu**) always collapse in front of the television.

   _____

9. Be quiet! (**vous**)

   _____

10. We almost fainted when we saw the telephone bill.

   _____

Passive Verbs

Passive pronominal verbs are used only in the third-person singular and plural. They reflect habit, manner, or tradition.

Le vin blanc **se** boit frais.
White wine is drunk chilled.

Le vin rouge **se** boit chambré.
Red wine is drunk at room temperature.

Les frites **se** mangent avec les doigts.
French fries are eaten with your fingers.

Ces produits haut de gamme **se** vendent bien.
These top-of-the-line products sell well.

Ça ne **se** fait pas.
It's not to be done.

Comment ça **se** traduit?
How is it translated?

Comment ça **se** dit en japonais?
How do you say it in Japanese?

| exercice | 4-6 |

Translate the following sentences into French, using a pronominal pronoun.

1. Agnès and Fabien met at a party in Paris.

   _____

2. He stopped in front of a bakery.

   _____

3. Aurélien woke up at dawn.

   _____

4. Blaise was hiding behind a rock.

   _____

5. Get ready! (**vous**)

   _____

6. We are walking along the Seine.

   _____

7. Nadir was resting under a tree.

_____

8. They write to each other every day.

_____

9. The economic situation is not improving.

_____

10. At what time does she get up in the morning?

_____

11. We will get married next year.

_____

12. They were always fighting.

_____

13. She cut herself with a broken glass.

_____

14. This is not to be said in public.

_____

15. Maxime takes a shower before going to bed.

_____

16. The actor puts his makeup on before the show.

_____

17. What is his name?

_____

18. She fainted when she saw the ghost.

_____

19. He is always complaining!

_____

20. Wake me up at six! (**vous**)

_____

Direct Object Pronouns

In English, there are seven direct object pronouns: *me, you, him, her, it, us, them.* The French language has an equivalent form for each of these, except that it uses two forms for the direct object pronoun *you:* the informal **te** and the formal or plural **vous.** English distinguishes between a direct object pronoun replacing a person (*him* or *her*) and one replacing a thing (*it*); in French, **le** and **la** can replace both a person and a thing.

Singular		Plural	
me	*me*	**nous**	*us*
te	*you* (informal)	**vous**	*you* (formal OR plural)
le	*him, it* (masc.)	**les**	*them* (masc. AND/OR fem.)
la	*her, it* (fem.)		

An object is called direct if it immediately follows the verb without a preposition. The direct object pronoun replaces a direct object noun. In French, the direct object pronoun must agree in gender and number with the noun it replaces. Unlike in English, the French direct object pronoun precedes the verb. In a sentence with auxiliary or compound verbs, the direct object pronoun precedes the verb to which it directly refers. It can replace a noun modified by either a definite article or a possessive or demonstrative adjective.

Annabelle lit **le livre**.
Annabelle reads the book.
Elle **le** lit.
She reads it.

Ils aiment **la vie à la campagne**.
They like life in the countryside.
Ils **l'**aiment.
They like it.

Tu adores **les framboises**.
You love raspberries.
Tu **les** adores.
You love them.

Me, **te**, **le**, **la** become **m'**, **t'**, **l'**, **l'**, respectively, preceding a vowel or mute **h**.

Note that the direct object pronoun can replace a single word, a group of words, or an entire phrase or clause.

> Paul sait **que je n'aime pas danser le tango avec lui**.
> *Paul knows that I don't like dancing the tango with him.*
> Paul **le** sait.
> *Paul knows it.*
>
> Marc adore **les romans policiers que le bibliothécaire lui recommande**.
> *Marc loves detective novels the librarian recommends to him.*
> Marc **les** adore.
> *Marc loves them.*

exercice   5-1

Complete the second sentence in each pair, using a direct object pronoun to replace the phrase in boldface in the first sentence.

1. Sandrine achète **les tapis**.

   Sandrine _____ achète.

2. Il écrit **la lettre de recommandation**.

   Il _____ écrit.

3. Hélène prend **ses vacances** en mai.

   Hélène _____ prend en mai.

4. Ils envoient **cette carte postale** à leur famille.

   Ils _____ envoient à leur famille.

5. Tu prépares **le dîner** pour tes amis.

   Tu _____ prépares pour tes amis.

6. Vous donnez **les billets** à votre frère.

   Vous _____ donnez à votre frère.

7. Le maire invite **les familles** à la cérémonie.

   Le maire _____ invite à la cérémonie.

8. Nous aimons beaucoup **les films italiens**.

   Nous _____ aimons beaucoup.

9. Je vois **le chat du voisin** dans la rue.

   Je _____ vois dans la rue.

10. Elle adore **le café colombien**.

    Elle _____ adore.

11. Cet écrivain aime **l'encre violette**.

    Cet écrivain _____ aime.

12. Florence jette **la pelote de laine** au chat.

    Florence _____ jette au chat.

13. Tu prépares **le dîner** pour toute la famille.

    Tu _____ prépares pour toute la famille.

14. Joséphine lit **le magazine**.

    Joséphine _____ lit.

15. Son mari fume **la pipe** le soir.

    Son mari _____ fume le soir.

16. Vous demandez **l'addition** au serveur.

    Vous _____ demandez au serveur.

17. La chanteuse déteste **le froid**.

    La chanteuse _____ déteste.

18. Paris attire **les touristes du monde entier**.

    Paris _____ attire.

19. L'architecte imagine **la ville utopique**.

    L'architecte _____ imagine.

20. Cécile fait **la vaisselle**.

    Cécile _____ fait.

In a question, the direct object pronoun comes immediately before the verb.

Prenez-vous **les chaussures**?
Are you taking the shoes?
Les prenez-vous?
Are you taking them?

Est-ce que tu prends **le métro**?
Do you take the subway?
Est-ce que tu **le** prends?
Do you take it?

Tu acceptes **l'invitation**?
Do you accept the invitation?
Tu **l'**acceptes?
Do you accept it?

Suit-elle **la route**?
Does she follow the road?
La suit-elle?
Does she follow it?

exercice   5-2

Rewrite each question, replacing the phrase in boldface with a direct object pronoun.

1. Est-ce que Chloé parle bien **l'italien**?

   _____

2. Aime-t-il **les peintres hollandais**?

   _____

3. Tu prends **l'autobus** pour aller au travail?

   _____

4. Est-ce que le chien d'Éric aime **le chat de la maison**?

   _____

5. Prenez-vous **cette chemise bleue**?

   _____

6. Fais-tu **les courses** le samedi?

   _____

7. Est-ce que Julie aime **le vert**?

_____

8. Préparons-nous **les desserts** cet après-midi?

_____

9. Cherchez-vous toujours **la maison de vos rêves**?

_____

10. Regardent-ils **le match de football** le dimanche?

_____

11. Est-ce que vous attendez **l'autobus** depuis longtemps?

_____

12. Vous écoutez **la radio**?

_____

13. Prends-tu **ces deux pantalons en lin**?

_____

14. Est-ce qu'elles passent **leurs vacances** en Alsace?

_____

15. Faites-vous **le tour du parc** tous les jours?

_____

16. Apprenez-vous **vos leçons** par cœur?

_____

17. Est-ce qu'Antoine passe **son baccalauréat** en juin?

_____

18. Tu commandes **les escargots** en entrée?

_____

19. Est-ce que Sara visite **le musée Rodin** régulièrement?

_____

20. Suivez-vous **l'évolution de la situation**?

_____

In a negative sentence, the direct object pronoun also comes immediately before the verb.

Elle n'aime pas **les champignons**.
She does not like mushrooms.
Elle ne **les** aime pas.
She does not like them.

Pierre achète **cette veste**.
Pierre buys this jacket.
Pierre ne **l'**achète pas.
Pierre does not buy it.

Vous prenez **l'autoroute**.
You take the highway.
Vous ne **la** prenez pas.
You do not take it.

exercice	5-3

Rewrite each sentence, replacing the phrase in boldface with a direct object pronoun.

1. Ils ne critiquent pas **l'exposition**. _____

2. Elle ne réunit pas **ses amis** une fois par an. _____

3. Théo ne change jamais **les meubles** de place.

   _____

4. Vous ne connaissez pas **vos voisins**. _____

5. Il ne fait pas **le ménage** chaque semaine. _____

6. Armelle ne refuse pas **l'invitation à la soirée**. _____

7. Émilie n'achète pas **la lampe de cristal**. _____

8. Il n'oublie jamais **ses clés**. _____

9. Elle n'apprend pas **le russe**. _____

10. Nous ne prenons pas **les routes de campagne**.

    _____

11. Vous n'essayez pas **les chaussures en daim**. _____

12. Tu ne regardes pas **les feuilletons à la télé**. _____

13. Elle ne demande pas **le prix du manteau**. _____

14. Ils ne vendent pas **leur maison à Nice**. _____

15. Je ne choisis pas **les marguerites**. _____

16. Ils ne voient pas **le danger**. _____

17. Il ne remercie pas **les participants**. _____

18. Emmanuel ne prend pas **la photo de son cousin**.

_____

19. Vous ne savez pas **la réponse**. _____

20. Tu ne manges pas **le gâteau qui est dans le réfrigérateur**.

_____

In the positive imperative, the direct object pronoun follows the verb, with a hyphen between the verb and pronoun. In the negative imperative, the direct object pronoun remains before the verb.

> Prenez **ce livre**!
> *Take this book!*
> Prenez-**le**!
> *Take it!*
>
> Achetez **ces lunettes**!
> *Buy these glasses!*
> Achetez-**les**!
> *Buy them!*
>
> N'attendez pas **leur décision**!
> *Do not wait for their decision!*
> Ne **l'**attendez pas!
> *Do not wait for it!*

exercice 5-4

Rewrite each sentence, replacing the phrase in boldface with a direct object pronoun.

1. Demandez **l'addition**! _____

2. Ne suivez pas **cette route**! _____

3. Ne vends pas **ta voiture**! _____

4. Achète **le dernier modèle**! _____

5. Prends **les livres qui sont sur la table**! _____

6. Ne déplace pas **l'armoire**! _____

7. Donnez **les magazines** à Julien! _____

8. Montrez **les dessins des enfants**! _____

9. Ne choisissez pas **les articles de cette revue**! _____

10. Regarde **le film** ce soir! _____

11. N'oublie pas **son anniversaire**! _____

12. Fais **la vaisselle** avant son retour! _____

13. Ne change pas **le rendez-vous chez le dentiste**! _____

14. Explique **le problème** à Stéphanie! _____

15. Apporte **le plan de Paris**! _____

16. Ne mange pas **ces raisins**! _____

17. Laisse **la clé** sur le comptoir de la cuisine! _____

18. Sers **la bouillabaisse**! _____

19. Ne mets pas **ce chapeau ridicule**! _____

20. Envoie **le paquet** avant jeudi! _____

exercice   5-5

First translate each sentence into French, then rewrite the translation, replacing the direct object phrase with a direct object pronoun.

1. Give the pastries to your sister! (**tu**)

   _____

   _____

2. Copy these sentences in this blue notebook! (**vous**)

   _____

   _____

3. Make the reservations for tomorrow night! (**vous**)

   _____

   _____

4. Don't buy the flowers at the street corner! (**vous**)

_____

_____

5. Don't eat this chicken! (**vous**)

_____

_____

6. Don't take my raincoat! (**vous**)

_____

_____

7. Do your homework! (**tu**)

_____

_____

8. Don't do your homework on the bus! (**tu**)

_____

_____

9. Write your name on this blue paper! (**vous**)

_____

_____

10. Do the house cleaning! (**tu**)

_____

_____

11. Choose the most beautiful flowers for the party! (**vous**)

_____

_____

12. Learn Chinese! (**vous**)

_____

_____

13. Don't buy these lamps! (**vous**)

_____

_____

14. Don't sell your bicycle! (**vous**)

_____

_____

15. Paul, don't forget your friend's birthday! (**tu**)

_____

_____

16. Listen to this program on the radio! (**tu**)

_____

_____

17. Show the book to your brother! (**vous**)

_____

_____

18. Invite Cécile to the party! (**tu**)

_____

_____

19. Order this computer! (**vous**)

_____

_____

20. Bring your pictures of France! (**vous**)

_____

_____

Agreement in Compound Tenses

In compound tenses, the direct object pronoun is placed before the auxiliary verb. The past participle must agree in gender and number with the noun replaced by the direct object pronoun.

Elle a écrit **la lettre**.
She wrote the letter.
Elle **l'**a écrit**e**.
She wrote it.

Il avait pris **les photos**.
He had taken the pictures.
Il **les** avait pris**es**.
He had taken them.

J'ai trouvé **la situation** un peu délicate.
I found the situation a bit delicate.
Je **l'**ai trouv**ée** un peu délicate.
I found it a bit delicate.

exercice   5-6

Rewrite each sentence, replacing the phrase in boldface with a direct object pronoun.

1. Ludovic avait perdu **sa montre**.

   _____

2. Ils ont lu **la revue scientifique**.

   _____

3. As-tu vu **la nouvelle pièce de Yasmina Reza**?

   _____

4. Aurait-il acheté **la maison dont il parlait**?

   _____

5. Aude a pris **ses vacances** en septembre.

   _____

6. Nous avons préparé **les documents**.

   _____

7. À un très jeune âge, il avait lu **toute l'œuvre de Balzac**.

   _____

8. Aura-t-il fini **sa dissertation** avant la mi-mai?

   _____

9. Nous avons reçu **les notes de notre fils**.

   _____

10. Angèle a ouvert **les fenêtres de la chambre**.

    _____

11. Tu avais cueilli **les plus belles fleurs du jardin**.

    _____

12. Clément a mis **les feuilles de papier** sur le bureau.

_____

13. Les touristes ont pris **la Bastille** en photo.

_____

14. Le comité a approuvé **la proposition**.

_____

15. Le président a fait **son allocution**.

_____

16. Sonia aura gagné **les compétitions**.

_____

17. Nous avions obtenu **les meilleures places**.

_____

18. Ils ont cru **toutes les bêtises qu'il a racontées**.

_____

19. Alexandre a créé **ces structures insolites**.

_____

20. Je n'aurais jamais imaginé **ces répercussions**.

_____

exercice   5-7

First translate each sentence into French, then rewrite the translation, replacing the direct object phrase with a direct object pronoun. For questions, invert the subject and verb. Pay attention to gender and number!

1. Marie bought the flowers for her sister.

_____

_____

2. She won the prize for her essay.

_____

_____

3. Laurent brought the best bottles of wine for the party.

_____

_____

4. You (**vous**) didn't understand the problem.

_____

_____

5. Did the student correct his homework?

_____

_____

6. She found the bakery without difficulty.

_____

_____

7. Why didn't he clean the apartment?

_____

_____

8. The war destroyed the city in one day.

_____

_____

9. The pharmacist gave the medicine to Laura.

_____

_____

10. My friends visited the museum this afternoon.

_____

_____

11. He bought Robert's house in Lyon.

_____

_____

12. She took her vacation in Turkey.

_____

_____

13. Luc read the article this morning.

_____

_____

14. The lawyer prepared the documents.

_____

_____

15. Mélanie left the pen on her desk.

_____

_____

16. He won the marathon.

_____

_____

17. She approved Patrick's decision.

_____

_____

18. The Spanish tourists bought the best map of Paris.

_____

_____

19. I put on Henri's gloves.

_____

_____

20. He found the 50 euro bill he had lost.

_____

_____

Some verbs take an indirect object in English, but a direct object in French. Examples are **attendre** (_to wait for_), **chercher** (_to look for_), **demander** (_to ask for_), **écouter** (_to listen to_), **payer** (_to pay for_), and **regarder** (_to look at_).

J'attends le train.
I am waiting **for** the train.
Je **l'**attends.
I am waiting **for it**.

Nous regardons La Joconde.
*We are looking **at** the Mona Lisa.*
Nous **la** regardons.
*We are looking **at her**.*

| exercice | 5-8 |

First translate each sentence into French, then rewrite the translation, replacing the direct object phrase with a direct object pronoun. For questions, invert the subject and verb.

1. I love to look at the view from this window.

   _____

   _____

2. André paid for the wine last night.

   _____

   _____

3. Is Hubert waiting for the train?

   _____

   _____

4. Ask Jean for the directions to go to the hotel! (**vous**)

   _____

   _____

5. I have to look for my keys.

   _____

   _____

6. Listen to the radio when you drive! (**vous**)

   _____

   _____

7. Look at this awful hat! (**vous**)

   _____

   _____

8. Wait for Guillaume! (**vous**)

_____

_____

9. François listens to his favorite music every night.

_____

_____

10. The little girl looked for the cat under the bed.

_____

_____

11. Daniel is waiting for the results.

_____

_____

12. Look at the cows! (**tu**)

_____

_____

13. Do not listen to his speech! (**vous**)

_____

_____

14. I am looking for my watch.

_____

_____

15. Claire paid for the ticket.

_____

_____

16. Are you (**vous**) waiting for your client?

_____

_____

17. Let's look at the documents!

_____

_____

18. I'll make Raoul pay for this mistake.

_____

_____

19. The journalists are waiting for the prime minister.

_____

_____

20. Are they looking at the boats?

_____

_____

exercice	5-9

Translate the following text into French.

Where did Caroline put her car keys? She can't find them anywhere. She is looking for them on her desk, in her pockets, and on the table by the door. "Did I leave them in the kitchen?" she thinks. Caroline asks her son if he knows where they are, but he doesn't listen to her. Unfortunately, she will never find them. Her son hid them in a closet because he doesn't want to go to school. He doesn't like school, that's all. He prefers to spend his time at the train station waiting for the trains and looking at them. Poor Caroline!

_____

_____

_____

_____

_____

_____

Indirect Object Pronouns

In English, there are seven indirect object pronouns: *me, you, him, her, it, us, them.* French distinguishes between an informal, singular *you* (**te**) and a formal or plural *you* (**vous**). The French indirect object pronoun does not, however, distinguish gender; **lui** and **leur** replace both masculine and feminine nouns. In French, the indirect object pronoun replaces only animate indirect objects (people or animals). Inanimate ideas and objects are replaced by the indirect object pronouns **y** and **en**, which are discussed in Unit 7.

Let's look at the indirect object pronouns of French.

me	*me*	**nous**	*us*
te	*you* (informal)	**vous**	*you* (formal OR plural)
lui	*him, her*	**leur**	*them* (masc. AND/OR fem.)

The pronouns **me** and **te** become **m'** and **t'**, respectively, before a vowel or mute **h**.

Be aware of the difference between **leur** as an indirect object pronoun and **leur(s)** as a possessive adjective.

The object is called indirect, since it is controlled by a preposition.

> Je lis le journal.

Le journal is a direct object, since there is no preposition (**à**, **de**, etc.) between the verb and the object.

Indirect objects are the indirect receivers of verbal action.

> Il apporte le plus beau cadeau **à sa mère**.

Le plus beau cadeau, the direct object, receives the action of the verb *to give*. **Sa mère**, the indirect object, reveals *to whom* or *for whom* the verbal action is performed. English often translates indirect objects with *to* or *for*.

As with direct object pronouns, indirect object pronouns are placed before the verb. The preposition is dropped.

> Je téléphone **à ma sœur**.
> *I call my sister.*
> Je **lui** téléphone.
> *I call her.*

Nous écrivons **à nos amis**.
We write to our friends.
Nous **leur** écrivons.
We write to them.

Tu donnes un conseil **à ton collègue**.
You give your colleague a piece of advice.
Tu **lui** donnes un conseil.
You give him a piece of advice.

exercice   6-1

Rewrite each sentence, replacing the phrase in boldface with an indirect object pronoun.

1. Jean raconte son aventure **à ses parents**. _____

2. Sa présentation ne plaît pas **au directeur**. _____

3. Stéphane pose la question **aux étudiants**. _____

4. Ils résistent **aux agresseurs**. _____

5. Vous prêtez ce livre **à Carole**? _____

6. Les employés désobéissent **à leur chef**. _____

7. On offre du chocolat **aux enfants**. _____

8. L'enseignant a expliqué la leçon **à l'élève**. _____

9. Il donne les billets d'avion **à sa femme**. _____

10. Mathis prête de l'argent **à son frère**. _____

11. Elle dit bonjour **à ses voisines**. _____

12. Elle présente une nouvelle idée **à son patron**. _____

13. Charlotte envoie un courriel **à Bertrand**. _____

14. Le guide recommande un bon restaurant **à ses clients**.

_____

15. Jacques rend visite **à sa grand-mère**. _____

16. Je fais un cadeau **à ma filleule**. _____

17. Vous apportez des fleurs **à l'hôtesse**. _____

18. Nous écrivons une lettre **à nos cousins**. _____

19. Elle laisse un message **à Claire et Marianne**. _____

20. Julien vend sa voiture **à Guillaume**. _____

In interrogative and negative sentences, the indirect object pronoun comes immediately before the verb.

> **Lui** envoies-tu des fleurs?
> *Do you send her flowers?*

> **Vous** téléphonent-ils régulièrement?
> *Do they call you regularly?*

> Est-ce qu'il **te** parle tous les jours?
> *Does he talk to you every day?*

> Est-ce que, en général, vous **leur** communiquez tous les faits?
> *Do you generally inform them of all the facts?*

> Il ne **lui** expliquera pas toute la situation.
> *He will not explain the whole situation to him.*

> Elle ne **me** raconte pas tout.
> *She does not tell me everything.*

exercice   6-2

Rewrite each sentence, replacing the phrase in boldface with an indirect object pronoun.

1. Est-ce qu'elle offre un ordinateur **à son fils**? _____

2. Fournissent-ils des renseignements **aux touristes**?

   _____

3. Il ne consacre pas assez de temps **à ses enfants**.

   _____

4. Écrivez-vous souvent **à Fabrizio**? _____

5. Gérard ne transmet pas le message **au superviseur**.

   _____

6. Adressez-vous le patient **à un spécialiste**? _____

7. Proposez-vous quelque chose de nouveau **aux membres**?

   _____

8. Elle envoie une lettre **à son ancien patron**. _____

9. Le directeur ne délègue pas la moindre tâche **à ses employés**.

    _____

10. Vous dites bonjour **à vos collègues** tous les matins?

    _____

11. Marie ne dévoile jamais ses secrets **à son fils**. _____

12. Parlez-vous quelquefois **à la gérante du magasin**?

    _____

13. Permet-il **à Antoine** de partir plus tôt le soir? _____

14. Ils ne mentent presque jamais **à leur mère**. _____

15. Mélissa ne présente pas le projet **à l'équipe**. _____

16. Est-ce que le directeur remet les diplômes **aux élèves**?

    _____

17. Amélie n'emprunte pas d'argent **à sa meilleure amie**.

    _____

18. Aurélie ne révèle jamais rien **à ses copains**. _____

19. Soumet-il les problèmes **au préfet**? _____

20. Envoyez-vous des cartes postales **à vos amis**? _____

In the positive imperative, the direct object pronoun follows the verb, with a hyphen between the verb and pronoun. In the negative imperative, the direct object pronoun remains before the verb.

> Envoyez ces livres **à Jean**!
> *Send these books to Jean!*
> Envoyez-**lui** ces livres!
> *Send these books to her!*
>
> Rends visite **à mes amis** à Paris!
> *Pay a visit to my friends in Paris!*
> Rends-**leur** visite à Paris!
> *Pay them a visit in Paris!*
>
> Prête cinquante euros **à Jeanne**!
> *Lend 50 euros to Jeanne!*
> Prête-**lui** cinquante euros!
> *Lend her 50 euros!*

Ne fournis pas cette adresse **à Marc**.
Do not provide Marc with this address.
Ne **lui** fournis pas cette adresse.
Do not provide him with this address.

exercice   6-3

Rewrite each sentence, replacing the phrase in boldface with an indirect object pronoun.

1. Pose la question **au professeur**! _____

2. N'emprunte pas d'argent **à Murielle**! _____

3. Apporte des magazines **à ta grand-mère**! _____

4. Rendez ces livres **à Jean-Pierre** avant la fin de la semaine!

   _____

5. Téléphone **au responsable du service-clientèle**!

   _____

6. N'envoyez pas le dossier **à la comptable** avant jeudi!

   _____

7. Ne raconte pas cette histoire **à Marie**! _____

8. Offre des bonbons **aux secrétaires**! _____

9. Consacre plus de temps **à ta fille**! _____

10. Transmets mes amitiés **à ta belle-mère**! _____

11. Ne dites rien **à Stéphane**! _____

12. Proposez autre chose **au comité**! _____

13. Ne permets pas **à Sophie** d'utiliser cet appareil!

    _____

14. Ne révélez rien **aux membres** avant la confirmation!

    _____

15. Envoyez votre nouveau logiciel **à vos clients**! _____

16. Parlez de vos produits haut de gamme **au représentant**!

    _____

17. Donne moins de conseils **à tes proches**! _____

18. Communiquez cette information **aux journalistes**!

_____

19. Ne fournis pas tant de renseignements **à cet inconnu**!

_____

20. Remettez le document **au maire** en mains propres!

_____

In compound tenses, the indirect object pronoun is placed before the auxiliary verb. The past participle does not agree in gender and number with the indirect object pronoun.

Ils **lui** ont offert un dictionnaire.
They gave him a dictionary.

Qu'est-ce qu'il **t'**a donné?
What did he give to you?

Tu **m'**avais donné de bons conseils.
You had given me some good advice.

Carole ne **lui** aura guère été utile.
Carole will not have been of much use to him.

exercice   6-4

Write the passé composé equivalent of the element in boldface.

1. Ils **m'offrent** une solution. _____

2. Il **leur dit** des bêtises. _____

3. Sonia **me demande** une augmentation de salaire. _____

4. Elle **ne te donne pas** de leurs nouvelles. _____

5. Vous **me téléphonez** avant minuit. _____

6. Nous **te demandons** de ne pas arriver en retard. _____

7. Je **te réponds** avant lui. _____

8. Elle **nous relate** les faits. _____

9. Chrystel **m'écrit** pendant ses vacances. _____

10. Hughes **lui vend** sa moto à un prix raisonnable. _____

11. Nous **leur transmettons** un message important. _____

12. Il **nous soumet** une proposition intéressante. _____

13. Je **te dédie** ce poème. _____

14. Tu **nous communiques** les détails de la transaction. _____

15. Christian **me parle** de son nouvel emploi. _____

16. Maud **te répond** par retour du courrier. _____

17. Estelle **nous parle** de ses ennuis. _____

18. Ils **vous fournissent** le courriel de leurs clients. _____

19. Il **me raconte** des histoires drôles. _____

20. Tu **nous rapportes** des souvenirs de tes vacances aux Maldives. _____

exercice   6-5

Translate the following sentences into French. For questions, invert the subject and verb.

1. Have you (**vous**) asked him this question?

    _____

2. She gave me a strange answer. _____

3. Emma borrowed 10 books from us. _____

4. Give us more time! (**vous**) _____

5. He never obeys me. _____

6. Don't sell him this chair! (**vous**) _____

7. This watch belongs to you (**tu**). _____

8. Call her! (**vous**) _____

9. Write them a letter! (**vous**) _____

10. She sold it to my friend. _____

11. Do not lend him this CD! (**tu**) _____

12. He gave me this ring. _____

13. He told me a wonderful story. _____

14. I'll give them a call tonight. _____

15. He'll reveal his secret to us. _____

16. Tell him to give you a job! (**vous**) _____

17. Has Juliette written a letter to him? _____

18. They submitted an interesting proposal. _____

19. She never replied to us. _____

20. Write to me! (**vous**) _____

With some French verbs, the indirect object pronoun follows the verb and the preposition is retained. These exceptions must be memorized. The indirect object noun is replaced by a disjunctive pronoun. To review the disjunctive pronouns, see Unit 3.

Nous parlons **de nos clients**.
We are talking about our clients.
Nous parlons **d'eux**.
We are talking about them.

Je pense **à Luc**.
I am thinking about Luc.
Je pense **à lui**.
I am thinking about him.

Tu songes **à Alice**.
You are thinking about Alice.
Tu songes **à elle**.
You are thinking about her.

J'ai besoin **de mon cousin**.
I need my cousin.
J'ai besoin **de lui**.
I need him.

Tu n'as pas peur **de ton patron**.
You are not afraid of your boss.
Tu n'as pas peur **de lui**.
You are not afraid of him.

Elle fait attention **à ces enfants**.
She pays attention to these children.
Elle fait attention **à eux**.
She pays attention to them.

Il se fie **à ses amis**.
He trusts his friends.
Il se fie **à eux**.
He trusts them.

Elle tient **à sa filleule**.
She is attached to her goddaughter.
Elle tient **à elle**.
She is attached to her.

If a reflexive verb is followed by an animate indirect object, the indirect object pronoun is placed after the preposition.

Elle s'est adressée **au préfet de police**.
She went to see the chief of police.
Elle s'est adressée **à lui**.
She went to see him.

Ils se sont approchés **du guide** pour mieux l'entendre.
She came closer to the guide to hear him better.
Ils se sont approchés **de lui**.
She came closer to him.

exercice   6-6

Write the appropriate preposition + disjunctive pronoun to replace the phrase in boldface.

1. Elle parle **de son amie Laurence** à ses parents. _____

2. Tu ne t'occupes pas assez **de ton petit frère**. _____

3. L'enfant a peur **de son oncle Robert**. _____

4. Nous pensons **à notre fils aîné qui est au Japon**. _____

5. Julien se souvient bien **de ses camarades de classe**. _____

6. Tu t'adresses d'abord **à la responsable du musée**. _____

7. Parle-moi **de ta mère**! _____

8. Il ne peut pas se passer **de son petit frère**. _____

9. Elle s'habitue peu à peu **à sa nouvelle camarade de chambre**. _____

10. Vous prenez soin **de votre grand-mère malade**. _____

If a reflexive verb is followed by an inanimate indirect object, the indirect object pronoun **y** or **en** is placed immediately before the verb. This is discussed in Unit 7.

Some French verbs appear to work in reverse, from a native English speaker's point of view. Let's take **plaire** as an example.

Ce film **me plaît**.
I like this film.

The literal translation of the French sentence is *This film is pleasing to me.* From an English speaker's viewpoint, the film becomes the subject and the subject pronoun *I* becomes the indirect object pronoun **me**.

Here are a few more sample sentences with **plaire**.

> Le spectacle **leur** a plu.
> *They liked the show.*

> Ce genre de musique ne **nous** plaît guère.
> *We are not really keen on this kind of music.*

> Ton nouveau travail **te** plaît?
> *You like your new job?*

Another verb, **manquer**, sometimes follows the same pattern.

> Tu **me** manques.
> *I miss you.* (literally, *You are missing to me.*)

> Paris **leur** manque.
> *They miss Paris.*

exercice 6-7

Translate the following sentences into French, using the verb **manquer** *or* **plaire**.
For questions, use the **est-ce que** *form.*

1. We miss them. _____

2. Did you (**tu**) like her new book? _____

3. I miss her. _____

4. We missed you (**tu**) last night. _____

5. I did not like the play. _____

6. I am sure she will like this Italian film. _____

7. I miss his smile. _____

8. Do you (**tu**) like him? _____

9. Do you (**tu**) like his new leather jacket?

_____

10. She misses his sense of humor. _____

The Pronouns *y* and *en*

The Pronoun *y*

Y is an indirect object pronoun that precedes the verb. It usually replaces an inanimate noun (an idea or thing). The object is indirect, since it is preceded by a preposition, usually **à**.

> Elle répond **à la question**.
> *She answers the question.*
> Elle **y** répond.
> *She answers it.*

> L'écrivain consacre son temps **à son roman**.
> *The writer devotes his time to his novel.*
> L'écrivain **y** consacre son temps.
> *The writer devotes his time to it.*

For an animate object, French uses **lui** and **leur**.

> Elle répond **au professeur**.
> *She answers the teacher.*
> Elle **lui** répond.
> *She answers him.*

> L'écrivain consacre peu de temps **à ses enfants**.
> *The writer devotes little time to his children.*
> Il **leur** consacre peu de temps.
> *He devotes little time to them.*

exercice 7-1

Rewrite each sentence, replacing the phrase in boldface with the indirect object pronoun **y**.

1. Chloé s'intéresse **à l'ethnologie.** _____

2. Luc s'habitue **à son nouveau travail.** _____

3. Ne touchez pas **à ses documents.** _____

4. Je m'intéresse **aux romans d'Afrique de l'Ouest.** _____

5. Elle tient **à ses vacances.** _____

6. Il obéit **au règlement de son entreprise.** _____

7. Le ministre répond **aux lettres de ses concitoyens.** _____

8. Elle pense **à son séjour à Tahiti.** _____

9. Simone rêve **au bon temps passé.** _____

10. Il remédie **au problème.** _____

11. Elle s'attache facilement **à une nouvelle région qu'elle visite.**

    _____

12. Nous nous accoutumons **à notre nouvelle vie.** _____

13. Le président de la société renonce **à son projet.** _____

14. Tu penses **à ce que tu aimerais faire dans ta vie.** _____

15. Vous songez **à l'avenir.** _____

16. Ils ont goûté **à la tarte tatin.** _____

17. Lucie fait attention **à la circulation en traversant la rue.**

    _____

18. Il s'adresse **au service des renseignements.** _____

19. Il se fie **à son instinct.** _____

20. Les étudiants ne font pas toujours attention **à ce que demandent les professeurs.**

    _____

In compound tenses, the indirect object pronoun **y** is placed before the auxiliary verb. The past participle does not agree in gender and number with the indirect object that is replaced.

> Elle s'est intéressée **à ce film indien**.
> *She got interested in this Indian film.*
> Elle s'**y** est intéressée.
> *She got interested in it.*

> Nous avons répondu **à la demande du public**.
> *We answered the public's demand.*
> Nous **y** avons répondu.
> *We answered it.*

> André n'avait pas pensé **aux répercussions**.
> *André had not thought about repercussions.*
> André n'**y** avait pas pensé.
> *André had not thought about it.*

exercice   7-2

Rewrite each sentence, replacing the phrase in boldface with the indirect object pronoun **y.**

1. Marc ne s'est jamais habitué **à cette ville**. _____

2. Anne avait renoncé **à son voyage**. _____

3. Nous nous sommes intéressés **à votre proposition**.

   _____

4. Ils ont obéi **à leur conscience**. _____

5. Laure n'a pas touché **aux objets exposés à l'exposition**.

   _____

6. Nous nous étions attachés **à cet endroit magnifique**.

   _____

7. Claude pensait avec nostalgie **à son enfance**. _____

8. Vous n'avez jamais répondu **à nos lettres**. _____

9. Il aura remédié **au problème** d'ici la fin de la semaine.

   _____

10. Tu n'as pas goûté **au soufflé**? _____

11. Elle ne se serait jamais accoutumée **à un climat si froid.**

    _____

12. Il n'a pas fait attention **aux éventuels dangers.** _____

13. Elle ne s'intéressait pas **à ce voyage.** _____

14. Je rêvais **à des oasis lointaines.** _____

15. Nous avons réfléchi **au problème.** _____

16. Elle croyait **à la magie.** _____

17. Ils tenaient **à leur patrimoine.** _____

18. Ils ont réfléchi **à ce que le conférencier avait dit.** _____

19. Avez-vous pensé **aux conséquences?** _____

20. Laurent répondait rarement **aux courriels qu'il recevait.**

    _____

exercice 7-3

Translate the following sentences into French, using the indirect object pronoun **y.**

1. Pay attention to it! (**vous**) _____

2. Answer them! (**vous**) _____

3. He is not interested in it. _____

4. She will never get used to it. _____

5. Don't touch it! (**vous**) _____

6. They are seriously thinking about it. _____

7. She is dreaming about it. _____

8. He gets attached to it. _____

9. Did you (**tu**) taste it? _____

10. Don't think about it! (**vous**) _____

The Pronoun *en*

En is an indirect object pronoun that usually replaces an inanimate noun (an idea or thing) preceded by the preposition **de**. **En** immediately precedes the verb, except in the positive imperative, where it follows the verb.

Nous parlons **de la situation économique**.
We are talking about the economic situation.
Nous **en** parlons.
We are talking about it.

Elle a besoin **de plus de temps**.
She needs more time.
Elle **en** a besoin.
She needs it.

Il se souvient **de ses années à Grenoble**.
He remembers his years in Grenoble.
Il s'**en** souvient.
He remembers it.

exercice   7-4

Rewrite each sentence, replacing the phrase in boldface with the indirect object pronoun **en**.

1. L'autocar s'approche lentement **du château**. _____

2. Les passagers ont envie **de s'arrêter quelque temps**.

   _____

3. Ils parlent **du réchauffement du climat**. _____

4. Je m'occupe **de tous les détails pour la fête**. _____

5. Adrienne est ravie **d'avoir fait votre connaissance**.

   _____

6. Les consommateurs ont besoin **de produits meilleur marché**.

   _____

7. Elle ne se souvient pas **du nom de l'organisateur**. _____

8. Charlotte a peur **des animaux du parc zoologique**.

   _____

9. Maud se sert **des recettes de sa mère pour faire la cuisine**.

   _____

10. Vincent se souvient **de ses étés dans le Midi**. _____

11. Elle se passe difficilement **de musique en travaillant**.

   _____

12. Ils profitent **de leurs vacances en Dordogne**. _____

13. Elle se charge **de tout**. _____

14. Tante Odile se débarrasse **de ses vieux meubles**. _____

15. On se fatigue **de cette musique atonale**. _____

16. J'ai l'intention **d'aller vous voir la semaine prochaine**.

   _____

17. Avez-vous envie **d'aller à la plage**? _____

18. Vous souvenez-vous **de la date de son anniversaire**?

   _____

19. Parlerons-nous **de l'augmentation de salaire à la réunion**?

   _____

20. Le petit Édouard a peur **des monstres qu'il voit à la télé**.

   _____

exercice   7-5

Y *ou en? Answer the following questions in the affirmative, replacing the phrase in boldface with the appropriate indirect object pronoun.*

1. S'intéresse-t-il **à la politique**? _____

2. Répond-elle **à toutes vos demandes**? _____

3. Avez-vous envie **de les rencontrer**? _____

4. Croyez-vous **aux progrès de la science**? _____

5. A-t-il renoncé **à son héritage**? _____

6. Pensent-ils **à l'avenir**? _____

7. Parlera-t-il **de son nouveau livre**? _____

8. Obéissent-ils **au règlement de l'entreprise**? _____

9. Est-ce qu'elle s'habitue **à ce nouveau rythme de travail**? _____

10. Se souvient-il **de son premier emploi**? _____

Y *ou* **en?** *Answer the following questions in the negative, replacing the phrase in boldface with the appropriate indirect object pronoun.*

1. Est-ce que tu t'accoutumes **à ton nouveau quartier**?

   _____

2. As-tu réfléchi **à ce que tu voulais faire cet été**? _____

3. Avez-vous l'intention **d'acheter cette voiture**? _____

4. Est-ce que tu t'es adressé **au service de la comptabilité**?

   _____

5. S'occupe-t-elle **de ces associations caritatives**? _____

6. As-tu goûté **à la soupe à l'oignon de ta tante**? _____

7. A-t-il peur **de la montée de la violence dans cette région**?

   _____

8. A-t-il remédié **au problème le plus urgent**? _____

9. As-tu pensé **aux répercussions**? _____

10. Se sont-ils chargés **de payer toutes les factures**? _____

Translate the following sentences into French. For questions, invert the subject and verb.

1. I remember it very well. _____

2. They are talking about it. _____

3. She is not interested in it. _____

4. We need it. _____

5. I don't feel like it. _____

6. Have you (**vous**) tasted it? _____

7. I do not use it. _____

8. I have not thought about it. _____

9. Are they afraid of it? _____

10. Is she getting used to it? _____

11. Who is taking care of it? _____

12. Claire took care of it. _____

13. Do you (**vous**) believe in it? _____

14. Did you (**vous**) remember it? _____

15. Was he afraid of it? _____

16. Did you (**vous**) get rid of it? _____

17. They'll taste it. _____

18. He'll do without it. _____

19. Do you (**vous**) feel like it? _____

20. She does not believe in it. _____

In the negative imperative, the pronouns **y** and **en** precede the verb.

Ne parlez pas **de ces choses**!
Do not talk about these things!
N'**en** parlez pas!
Do not talk about it!

Ne pense pas **à ces choses**!
Do not think about these things!
N'**y** pense pas!
Don't think about it!

In the positive imperative, the pronouns **y** and **en** follow the verb, with a hyphen between the verb and pronoun.

Pensez **à leur dire bonjour**!
Don't forget to say hello to them!
Pensez-**y**!
Don't forget about it!

Parlez **de vos nouvelles idées**!
Talk about your new ideas!
Parlez-**en**!
Talk about it!

A slight spelling modification is made to facilitate pronunciation. Generally, in the **tu** form of the imperative of **-er** verbs, the **-s** ending is dropped: **parle**, **pense**, **achète**. But the **-s** is restored when followed by **y** or **en**.

> Pense**s-y**!
> *Think about it!*
>
> Parle**s-en**!
> *Talk about it!*
>
> Achète**s-en**!
> *Buy some!*

Another exception that makes grammar all the more fun: **En** can replace nouns referring to human beings, but only when used in a general sense.

> Avez-vous **des cousins** à Paris?
> *Do you have cousins in Paris?*
> Oui, j'**en** ai.
> *Yes, I have some.*
>
> On a toujours besoin **d'amis**.
> *One always needs friends.*
> On **en** a toujours besoin.
> *One always needs some.*

The Pronoun *en* and Expressions of Quantity

Expressions of quantity also use the pronoun **en**. The number is repeated at the end of the sentence, as is a modifier such as **beaucoup**, **trop**, and **assez**. The noun it modifies, however, is replaced by **en**. This is discussed in more depth in Unit 13.

> J'ai besoin **d'un livre**.
> *I need a book.*
> J'**en** ai besoin **d'un**.
> *I need one.*
>
> J'ai acheté **quatre** pamplemousses.
> *I bought four grapefruit.*
> J'**en** ai acheté **quatre**.
> *I bought four.*
>
> Nous n'avons pas **beaucoup vacances**.
> *We do not have a lot of vacation.*
> Nous n'**en** avons pas **beaucoup**.
> *We do not have a lot.*

exercice   7-8

*Rewrite each sentence, replacing the noun or phrase in boldface with **en**.*

1. Nous mangeons beaucoup **de poisson**. _____

2. Elle a deux **voitures**. _____

3. Je voudrais une demi-livre **de beurre**. _____

4. J'utilise plusieurs **dictionnaires**. _____

5. Ils veulent deux **enfants**. _____

6. Frédéric leur a donné un **conseil**. _____

7. Ils construisent un **pont** entre les deux îles. _____

8. Les étudiants ont visité beaucoup **de châteaux**. _____

9. Elle n'avait pas assez **d'argent** quand elle était à l'université.

   _____

10. Donnez un **exemplaire de ce livre** à votre voisin! _____

11. Avez-vous besoin de tant **de paires de chaussures**? _____

12. Elle a un **chat**. _____

13. Il possède plusieurs **maisons** en Europe. _____

14. Ils ont commandé un seul **plat**. _____

15. Elle doit une **excuse** à sa sœur. _____

16. Bertrand a raconté une **histoire** aux enfants. _____

17. L'écrivain n'a écrit qu'une seule **nouvelle**. _____

18. J'ai vu trois **lapins** dans le jardin. _____

19. Il a mangé une **crêpe**. _____

20. Ils ont accepté plusieurs **invitations** pour le même jour.

   _____

exercice   7-9

Translate the following sentences into French, using **en** *to "replace" the phrase in parentheses.*

1. I need one. (**un nouveau lecteur de DVD**) _____

2. She wrote ten. (**des romans**) _____

3. They bought one. (**une voiture**) _____

4. I'll buy two. (**des chaises**) _____

5. The company ordered ten. (**des bureaux**) _____

6. He owns one. (**un avion**) _____

7. They want twelve. (**des assiettes**) _____

8. She takes three a day. (**des vitamines**) _____

9. I found one. (**un appartement**) _____

10. He sent one to his mother. (**un bouquet de fleurs**)

_____

Order of Pronouns

A sentence often includes both direct and indirect object pronouns; these must follow a certain order.

subject + (**ne**) + **me** + **le** + **lui** + verb + (**pas**)
                  te   **la**   **leur**
                  nous **les**
                  vous

When both direct and indirect object pronouns appear in a sentence, the indirect object pronoun comes first, unless both are third-person pronouns, in which case the direct object pronoun comes first.

Here is one possible combination: A first- or second-person indirect object pronoun comes before a third-person direct object pronoun.

Indirect Object	Direct Object
me	**le**
te	**la**
nous	**les**
vous	

Il me dit **la vérité**.
He tells me the truth.
Il me **la** dit.
He tells it to me.

Je te donne **la bague de ta grand-mère**.
I give you your grandmother's ring.
Je te **la** donne.
I give it to you.

Elle nous explique **sa décision**.
She explains her decision to us.
Elle nous **l'**explique.
She explains it to us.

Nous vous prêtons **notre voiture**.
We are lending you our car.
Nous vous **la** prêtons.
We are lending it to you.

Elle ne te donnera pas **ses dossiers**.
She will not give you her files.
Elle ne te **les** donnera pas.
She will not give them to you.

| exercice | 8-1 |

Rewrite each sentence, replacing the phrase in boldface with a direct object pronoun.

1. Elle m'envoie **les documents**. _____

2. Nous vous communiquons **les données**. _____

3. Il t'explique **la situation**. _____

4. Nous vous emprunterons **ces dictionnaires**. _____

5. Je te poserai **cette question** à la réunion. _____

6. Tu nous rapporteras **les cadeaux que tu nous as promis**.

   _____

7. Elle nous a servi **le vin de son vignoble**. _____

8. Marielle te léguera **sa fortune**. _____

9. Grand-mère t'a offert **le portable que tu désirais**. _____

10. Tu me donnes **ton courriel**? _____

11. Est-ce que vous nous montrerez **le plan de l'édifice**?

    _____

12. Le serveur m'apporte **l'addition**. _____

13. Le technicien nous installe **le tout nouveau téléviseur numérique**.

    _____

14. Je vous expédierai **le colis** lundi matin. _____

15. Elle nous annoncera **la nouvelle** le week-end prochain.

    _____

16. Tu me prêtes **ton iPod**? _____

17. Vous ne nous envoyez jamais **le bilan annuel**. _____

18. Je vous montrerai **les derniers modèles.** _____

19. Nous vous donnons **la seule explication possible.** _____

20. Pourquoi est-ce que tu nous envoies toujours **les documents** en retard?

_____

Here is another possible combination: A third-person direct object pronoun comes before a third-person indirect object pronoun.

Direct Object	Indirect Object
le	**lui**
la	**leur**
les	

Vous l'offrez **à votre sœur.**
You give it to your sister as a present.
Vous le **lui** offrez.
You give it to her.

Elle les envoie **au directeur.**
She is sending them to the director.
Elle les **lui** envoie.
She is sending them to him.

Il ne la prête pas **à ses amis.**
He does not lend it to his friends.
Il ne la **leur** prête pas.
He does not lend it to them.

exercice 8-2

Rewrite each sentence, replacing the phrases in boldface with direct and indirect object pronouns.

1. Elle donne **les mirabelles** *à sa belle-sœur.* _____

2. Je montre **la ville** *à mes amis.* _____

3. Vous envoyez **les plus beaux cadeaux** *à votre frère.* _____

4. Ils racontent **leur aventure** *à leurs copains.* _____

5. J'enverrai **la recette** *à mon amie Julie.* _____

6. Tu ne prêtes jamais **ton ordinateur** *à ton collègue.* _____

7. Elles disent **la vérité** *à leur avocat.* _____

8. Elle sert **le couscous** *à tous les membres de la famille.* _____

9. Je laisse **le chèque** *à Bertrand.* _____

10. Tu poses **les mêmes questions** *à tous les élèves.* _____

11. Elle vend **les nouveaux tailleurs** *à ses clientes.* _____

12. Ils emprunteront **la somme nécessaire** *à leur mère.* _____

13. Nous demandons **ce service** *à nos voisins.* _____

14. Le médecin prescrit **ce nouveau traitement** *au patient.*

_____

15. Le chef recommande **le homard** *à ses clients.* _____

16. Elle conseille **la prudence** *à ses associés.* _____

17. Je décris **la situation** *au journaliste.* _____

18. Le chroniqueur relate **les événements** *au rédacteur en chef.*

_____

19. Le diplomate préconise **cette solution** *aux autres membres.*

_____

20. Vous adressez **la plainte** *au responsable de l'association.*

_____

As we saw in Unit 5, the direct object pronoun is placed before the auxiliary verb in compound tenses. The past participle must agree in gender and number with the noun replaced by the direct object pronoun placed before the verb.

>Je lui ai offert **ces jolies boucles d'oreille.**
>*I gave her these beautiful earrings.*
>Je **les** lui ai **offertes**.
>*I gave them to her.*

>Il ne m'a pas montré **sa nouvelle collection.**
>*He did not show me his new collection.*
>Il ne me **l'**a pas **montrée**.
>*He did not show it to me.*

>**Lui** avons-nous communiqué **tous les renseignements**?
>*Did we give him all the information?*
>**Les lui** avons-nous communiqués?
>*Did we give it to him?*

exercice   8-3

Rewrite each sentence, replacing the phrase in boldface with a direct object pronoun. Remember that the past participle must agree in gender and number with the noun replaced by the direct object pronoun.

1. Il lui a écrit **cette lettre**. _____

2. Vous m'avez transmis **ces archives**. _____

3. Tu nous avais expliqué **la situation** en détail. _____

4. Elle m'a rapporté **ces lanternes** du Maroc. _____

5. Elle nous a installé **ces programmes** sur notre ordinateur.

   _____

6. Ils ne lui avaient pas envoyé **les fleurs** à la bonne date.

   _____

7. Il leur a versé **sa meilleure mirabelle**. _____

8. Elle nous a fait **les recommandations les plus détaillées**.

   _____

9. Il ne lui a pas légué **sa fortune**. _____

10. Tu lui auras donné **les meilleurs conseils**. _____

11. Elle t'a servi **la soupe préférée de sa grand-mère**. _____

12. Pourquoi ne lui as-tu pas prêté **tes outils**? _____

13. Vous ne nous avez pas envoyé **la carte routière**. _____

14. Je leur ai annoncé **la nouvelle** avec du retard. _____

15. Tu lui as laissé **toute la responsabilité**. _____

16. Pourquoi ne leur as-tu pas fait visiter **la cave**? _____

17. Vous leur avez vendu **la voiture la plus chère**. _____

18. Tu nous as décrit **la soirée**. _____

19. Ils lui ont adressé **leur plainte**. _____

20. Elle ne nous a pas raconté **toutes ses aventures au Sénégal**.

   _____

In the negative imperative, the object pronouns follow the same order and placement as above. No hyphen is used to connect the pronouns to the verb or to each other.

> Vous ne **le lui** donnez pas.
> *You don't give it to him.*
> Ne **le lui** donnez pas!
> *Don't give it to him!*
>
> Tu ne **les lui** rends pas.
> *You don't give them back to him.*
> Ne **les lui** rends pas!
> *Don't give them back to him!*
>
> Tu ne **nous le** décris pas.
> *You are not describing it to us.*
> Ne **nous le** décris pas!
> *Don't describe it to us!*

In the affirmative imperative, the direct object precedes the indirect object and hyphens connect the verb and pronouns.

> Donnez-**lui** la photo!
> *Give him the picture!*
> Donnez-**la-lui**!
> *Give it to him!*
>
> Apporte-**leur** le fauteuil!
> *Bring them the armchair!*
> Apporte-**le-leur**!
> *Bring it to them!*
>
> Rendez-**nous** notre argent!
> *Give us our money back!*
> Rendez-**le-nous**!
> *Give it back to us!*
>
> Envoie-**moi** les dossiers!
> *Send me the files!*
> Envoie-**les-moi**!
> *Send them to me.*

The partitive **en** always follows an indirect object pronoun. In the imperative, the **-s** ending of the **tu** form of **-er** verbs is dropped.

> Tu **lui** donnes des conseils.
> *You give him some advice.*
> Tu **lui en** donnes.
> *You give some to him.*
>
> Ne **lui** donne pas de conseils!
> *Don't give him any advice!*
> Ne **lui en** donne pas!
> *Don't give him any!*
>
> Donne-**lui** des conseils!
> *Give him some advice!*
> Donne-**lui-en**!
> *Give him some!*

Tu **me** parles de ton voyage en Inde.
You are telling me about your trip to India.
Tu **m'en** parles.
You are telling me about it.

Ne **me** parle pas de ton voyage en Inde!
Don't tell me about your trip to India!
Ne **m'en** parle pas!
Don't tell me about it!

Parle-**moi** de ton voyage en Inde!
Tell me about your trip to India!
Parle-**m'en**!
Tell me about it!

With the verb **s'en aller**, where **en** is part of the verb, the pronouns follow the same order as above.

Tu **t'en** vas.
You are leaving.

Ne **t'en** va pas!
Do not leave!

Va-**t'en**!
Go away!

When **y** and **en** are combined, **en** follows **y**.

Il **y** a des meubles à vendre.
There is some furniture for sale.
Il **y en** a à vendre.
There is some for sale.

Il n'**y** a plus de billets pour le spectacle.
There are no tickets left for the show.
Il n'**y en** a plus.
There are none left.

exercice	8-4

Rewrite each sentence, replacing the phrase or phrases in boldface with a direct object pronoun, an indirect object pronoun, or both.

1. Racontez-nous **le périple de Carole**! _____

2. N'envoyez pas **cette boîte** *à Julie*! _____

3. Montrez-moi **votre nouveau manteau**! _____

4. Ne lui prêtez pas **ces mille euros**! _____

5. Adressez-lui **vos meilleurs vœux**! _____

6. Apportez-nous **du champagne**! _____

7. Ne me parlez pas **de vos ennuis**! _____

8. Ne lui donnez pas **la nouvelle raquette**! _____

9. Ne lui donnez pas **de sucreries**! _____

10. Montrez-nous **votre nouvelle installation**! _____

11. Pose **la question** _à ton professeur_! _____

12. Expliquez-leur **votre position sur ce sujet**! _____

13. Ne lui empruntez pas **d'argent**! _____

14. Demandez **des conseils** _au sommelier_! _____

15. Envoyez **cette pétition** _à vos amis_! _____

16. Pardonnez-lui **ses erreurs**! _____

17. Indiquez **le chemin** _à cet automobiliste perdu_! _____

18. Décris-nous **ta nouvelle maison**! _____

19. Ne lui vends pas **ta vieille moto**! _____

20. Souviens-toi **de cette anecdote**! _____

exercice   8-5

Rewrite each sentence, replacing the phrase or phrases in boldface with a direct object pronoun, an indirect object pronoun, or both.

1. Le juge explique **la procédure** _à sa cliente_. _____

2. Il leur communique **les renseignements**. _____

3. Vous leur servez **la salade** en entrée. _____

4. L'avocat me remet **les documents signés**. _____

5. Raconte-nous **ton expédition au Népal**! _____

6. Ils lui ont envoyé **la montre qu'elle désirait tant**.

_____

7. Rends-moi **mes affaires**! _____

8. Ne lui parle pas **de notre conversation**! _____

9. Elle sert **ses invités** avec une élégance sans pareille.

_____

10. Arrête de remuer **ton café**! C'est agaçant! _____

11. Envoie **tes articles** *au rédacteur*! _____

12. Elle nous a dépeint **son ancien atelier**. _____

13. Rapporte-moi **le journal de la région**! _____

14. Verse-moi **du thé**! _____

15. Transmets-leur **mes sincères amitiés**! _____

16. Achète-lui **cette veste en cuir**! _____

17. Expliquez-lui **les nombreux changements**! _____

18. Cache-lui **la vérité** pour ne pas le froisser! _____

19. Ne leur révèle pas **le secret**! _____

20. Nous vous avons envoyé **le rapport** avant-hier. _____

exercice   8-6

Translate the following sentences into French, using the **tu** *form for* you *and inverting the subject and verb. Use the masculine form of the direct object pronoun for* it.

1. Do not tell it to him before Monday! _____

2. I already explained it to them. _____

3. Send them to me! _____

4. Give me three of them! _____

5. He lent it to me last week. _____

6. Why did you send it to her? _____

7. She told us about her trip to China. _____

8. Our company sold them to us. _____

9. He showed them to us. _____

10. Buy some for me! _____

11. Lucie did not borrow them from him. _____

12. He revealed it to us. _____

13. He sent it to us. _____

14. Don't talk to me about it! _____

15. I'll sell it to you if you want. _____

16. Do not borrow money from him! Ever! _____

17. Ask him for the check! _____

18. She bequeathed her fortune to us. _____

19. Give it back to me! _____

20. Do not hand them to him! _____

Pronouns Used with Two Verbs

When object pronouns are used with two verbs, they are placed either before or between the two verbs.

Let's start with the immediate future and immediate past constructions. With the immediate future, object pronouns are placed between **aller** and the infinitive. With the immediate past, object pronouns are placed between **venir de** and the infinitive.

>Nous allons envoyer **un paquet à notre client**.
>*We are going to send a package to our client.*
>Nous allons **lui en** envoyer **un**.
>*We are going to send him one.*
>
>Tu vas lire **la lettre de remerciements à tes employés**.
>*You are going to read the thank-you letter to your employees.*
>Tu vas **la leur** lire.
>*You are going to read it to them.*
>
>Allez-vous annoncer **la nouvelle à votre mère**?
>*Are you going to tell the news to your mother?*
>Allez-vous **la lui** annoncer?
>*Are you going to tell it to her?*
>
>Je viens de téléphoner **à Antoine**.
>*I just called Antoine.*
>Je viens de **lui** téléphoner.
>*I just called him.*
>
>Émilie vient d'annoncer **la nouvelle à Jean**.
>*Émilie just told the news to Jean.*
>Émilie vient de **la lui** annoncer.
>*Émilie just told it to him.*

| exercice | 9-1 |

Rewrite each sentence, replacing the phrase or phrases in boldface with a direct object pronoun,
an indirect object pronoun, or both.

1. Je vais acheter **un tapis** au Maroc. _____

2. Nous venons de changer **les abat-jour du salon.** _____

3. Ils viennent de répéter **la pièce de théâtre.** _____

4. Vous allez demander **l'asile politique.** _____

5. Ils vont toucher **les allocations familiales.** _____

6. Elle va choisir **le prénom de sa mère** pour sa fille. _____

7. Tu viens de visiter **le musée des Gobelins.** _____

8. Elle va redécorer **sa chambre à coucher.** _____

9. Le gouvernement va augmenter **les impôts.** _____

10. Marie va faire **ses valises** ce soir. _____

11. Il vient de vendre **sa vieille Peugeot.** _____

12. On va faire **la traversée** en trois jours. _____

13. Ils vont rendre visite **à leurs amis.** _____

14. Je viens de recommander **ce film à Noémie.** _____

15. Ils viennent d'engager **Sonia.** _____

16. Vous allez faire **ce stage** pendant l'été. _____

17. Nous venons d'élire **notre nouveau président.** _____

18. Tu vas comprendre **les raisons de son départ.** _____

19. Tu viens de recevoir **ton diplôme.** _____

20. Elle vient d'achever **son roman.** _____

A number of French verbs are followed directly by the infinitive; these are discussed in depth in Unit 18. With these verbs, object pronouns are placed between the conjugated verb and the infinitive.

Here are examples of affirmative sentences with these verbs.

> Il veut inviter **les Tavernier**.
> *He wants to invite the Taverniers.*
> Il veut **les** inviter.
> *He wants to invite them.*

> Elle doit répondre **à cette lettre**.
> *She must answer this letter.*
> Elle doit **y** répondre.
> *She must answer it.*

> Ils préfèrent commander **une pizza**.
> *They prefer to order a pizza.*
> Ils préfèrent **en** commander **une**.
> *They prefer to order one.*

Here are examples of negative sentences and questions with these verbs.

> Ils ne peuvent pas accepter **ce comportement**.
> *They can't accept this behavior.*
> Ils ne peuvent pas **l'**accepter.
> *They can't accept it.*

> Comptez-vous consulter **ces dossiers**?
> *Are you planning to consult these files?*
> Comptez-vous **les** consulter?
> *Are you planning to consult them?*

exercice 9-2

Rewrite each sentence, replacing the phrase in boldface with an object pronoun.

1. Ils espèrent gagner **la compétition**. _____

2. Nous préférons acheter **cet appareil**. _____

3. Inès ne veut pas inviter **Julien**. _____

4. Karine sait convaincre **ses clients**. _____

5. Le médecin espère guérir **ce patient**. _____

6. L'épicier compte vendre **sa marchandise** d'ici ce soir.

   _____

7. Le coiffeur veut proposer une autre coupe **à Laure**.

   _____

8. Pourrait-elle contacter **Christian**? _____

9. Il ne veut pas s'opposer **à la décision de son patron**.

   _____

10. Ils ne savent pas utiliser **ce logiciel**. _____

11. Tu ne peux pas imaginer **sa bêtise**. _____

12. Ils doivent payer **leurs dettes**. _____

13. Ils pensent annuler **le pique-nique**. _____

14. Vous espérez voir **Paul** cet été. _____

15. Voulez-vous engager **cet informaticien**? _____

16. Ils ne savent pas persuader **leurs parents**. _____

17. Je désire découvrir **cette ville**. _____

18. Il veut répondre **à Justine** d'ici demain. _____

19. Le journaliste espère finir **son article** ce soir. _____

20. Ne deviez-vous pas téléphoner **à vos cousins**? _____

With some verbs, the object pronoun precedes the conjugated verb. Common verbs of this type are **écouter** (*to listen to*), **entendre** (*to hear*), **envoyer** (*to send*), **laisser** (*to let, leave*), **regarder** (*to look at, watch*), and **voir** (*to see*).

> J'entends **les oiseaux** chanter dans le jardin.
> *I hear the birds singing in the garden.*
> Je **les** entends chanter dans le jardin.
> *I hear them singing in the garden.*

> Ils ne laissent jamais **Benoît** jouer le dimanche.
> *They never let Benoît play on Sundays.*
> Ils ne **le** laissent jamais jouer le dimanche.
> *They never let him play on Sundays.*

> J'ai vu **Patrick** bâtir cette maison.
> *I saw Patrick build this house.*
> Je **l'**ai vu bâtir cette maison.
> *I saw him build this house.*

In the negative imperative with these verbs, the object pronoun also precedes the conjugated verb.

> N'écoute pas **ce ténor** chanter!
> *Do not listen to this tenor sing!*
> Ne **l'**écoute pas chanter!
> *Do not listen to him sing!*

Ne laisse pas **ces fruits** pourrir!
Do not let this fruit rot!
Ne **les** laisse pas pourrir.
Do not let it rot.

In the positive imperative, however, the object pronoun follows the conjugated verb.

Écoute **le président** parler!
Listen to the president speak!
Écoute-**le** parler!
Listen to him speak!

Envoie-le chercher **les enfants**!
Send him to pick up the children!
Envoie-le **les** chercher!
Send him to pick them up!

exercice 9-3

Rewrite each sentence, replacing the phrase in boldface with an object pronoun.

1. J'écoute **le conférencier** parler. _____

2. Nous laissons **les enfants** jouer dans le parc. _____

3. Didier regarde **la neige** tomber. _____

4. Romain voyait **sa fortune** disparaître. _____

5. Sabine a envoyé **son mari** acheter du fromage. _____

6. M. Duvallois a entendu **ce client** se plaindre. _____

7. Hervé a écouté **le célèbre baryton** chanter. _____

8. Diane laissera **son collègue** s'occuper de ses dossiers.

_____

9. La sage-femme écoute **le cœur du bébé** battre. _____

10. Les investisseurs ont vu **le marché** tomber. _____

11. Maud a envoyé **son fils** chercher du pain. _____

12. Ils voient **leurs amis** quitter le quartier. _____

13. Alex laisse **son chien** sauter sur le lit. _____

14. Jérôme regarde **son équipe** perdre le match. _____

15. Hughes entend **son ami** pleurer. _____

16. Les Dubois laissent **leurs amis** organiser le voyage.

_____

17. Le couturier regarde **ses mannequins** défiler. _____

18. Le chef regarde **son apprenti** préparer la sauce.

_____

19. Le colonel envoie **ses soldats** explorer le territoire.

_____

20. Je regarde **la comédienne** se maquiller. _____

With the causative form, which uses **faire faire** to express the notion of having something done by someone or of causing something to happen, the object pronoun precedes the conjugated verb. The past participle does not agree in gender and number with the noun replaced by the direct object pronoun.

> Ils font fabriquer **ces produits** au Vietnam.
> _They have these products made in Vietnam._
> Ils **les** font fabriquer au Vietnam.
> _They have them made in Vietnam._
>
> Elle a fait écrire **des lettres** par son secrétaire.
> _She had her secretary write letters._
> Elle **en** a fait écrire par son secrétaire.
> _She had her secretary write some._
>
> Elle fait faire **ses robes** à Milan.
> _She has her dresses made in Milan._
> Elle **les** fait faire à Milan.
> _She has them made in Milan._
>
> Je ferai changer d'avis **à tous les membres**.
> _I'll have all the members change their minds._
> Je **leur** ferai changer d'avis.
> _I'll have them all change their minds._

exercice   9-4

Rewrite each sentence, replacing the word or phrase in boldface with an object pronoun.

1. Mélanie fait réparer **sa télévision**. _____

2. Bertrand a fait laver **sa voiture**. _____

3. Le parfumeur fait remplir **les flacons en cristal**.

_____

4. Le clown fait rire **les enfants**. _____

5. Le directeur fait visiter **l'usine**. _____

6. Le chorégraphe fait changer **les décors**. _____

7. Caroline fait repasser **ses vêtements**. _____

8. L'avocate fait signer **les documents**. _____

9. Mathieu fera envoyer **des fleurs**. _____

10. Le bruit a fait sursauter **Marine**. _____

11. Ce médicament faisait dormir **le malade**. _____

12. Elle n'a jamais fait faire **de vêtements à Paris**.

_____

13. Il fait espionner **ses employés**. _____

14. Mme Loret fait installer une autre **serrure**. _____

15. Ils n'ont jamais fait repeindre **leur salon**. _____

16. Ne faites lire **ces documents** à personne. _____

17. Elle fera suivre **son courrier** pendant ses vacances.

_____

18. Le chef a fait hacher **le persil**. _____

19. Elle fait bouillir **de l'eau**. _____

20. Ne faites pas macérer **cette viande** trop longtemps.

_____

If the infinitive verb is preceded by the indefinite pronoun **tout** or **rien** or by an adverb such as **assez**, **bien**, **beaucoup**, **trop**, or **mieux**, the object pronoun is usually placed after the indefinite pronoun or adverb.

Il voulait **mieux le** voir.
He wanted to see him better.

Nous avons dû **tout leur** dire.
We had to tell them everything.

Il a fallu **tout leur** donner.
We had to give them everything.

J'avoue ne **rien y** comprendre.
I admit I don't understand anything about it.

Il ne faut pas **trop leur** promettre.
You must not promise them too much.

exercice	9-5

Translate the following sentences into French.

1. He seems to know him better. _____

2. We have to explain everything to them. _____

3. He wanted to give everything to him. _____

4. I would have liked to inform her better. _____

5. He admitted not knowing anything about it. _____

6. I prefer not to give them too much of it. _____

7. They seem to understand you (**vous**) better. _____

8. I swear I gave her everything. _____

9. I have to leave everything to them. _____

10. He admitted to having eaten everything. _____

exercice	9-6

Rewrite each sentence, replacing the phrase in boldface with an object pronoun.

1. Ils ne veulent pas respecter **les normes**. _____

2. Les experts pensent parvenir **à un accord**. _____

3. Ils voudraient contacter **le représentant**. _____

4. Nous avons fait construire **cette maison de campagne**.

   _____

5. Marc a déclaré ne pas connaître **le suspect**. _____

6. La chanteuse saura séduire **son public**. _____

7. Elle vient de s'abonner **à un nouveau magazine**. _____

8. Ils ne peuvent pas s'habituer **à leur nouvelle vie.** _____

9. Ces parents laissent **leurs enfants** courir partout. _____

10. Il souhaite adopter un **chaton.** _____

11. Nous allons réserver **des billets** pour le spectacle.

_____

12. Vous espérez rendre visite **à Amélie** cet été. _____

13. Mathilde veut faire raccourcir **son manteau.** _____

14. Jean a fait décongeler **le poisson.** _____

15. Pourra-t-on acheter **des billets** à l'avance? _____

16. Quand vont-ils prendre **la décision**? _____

17. Le président va nommer **son successeur.** _____

18. Elle a vu **l'enfant** pleurer. _____

19. Elle a fait faire **ses sandales** par un artisan. _____

20. Je regarde le chef farcir **la dinde.** _____

Interrogative Pronouns

Interrogative pronouns are used to ask questions. To know which one to use, you must determine whether the pronoun is a subject, a direct object, or the object of a preposition (**à**, **avec**, **chez**, **de**, **en**, **pour**, etc.). Some interrogative pronouns refer to people, others to things, still others to both. Some are simple forms, others are compound forms.

The simple forms used when referring to a person follow.

qui	*who* (subject)
qui	*whom* (direct object)
à qui	*to whom* (object of a preposition)
avec qui	*with whom* (object of a preposition)
de qui	*about whom* (object of a preposition)

This form requires inversion of the subject and verb after an interrogative pronoun.

> **Qui** a fait ça?
> *Who did this?*

> **Qui** as-tu vu à la soirée?
> *Whom did you see at the party?*

> **À qui** as-tu vendu ta voiture?
> *To whom did you sell your car?*

> **À qui** Luc a-t-il téléphoné?
> *Whom did Luc call?*

> **De qui** parles-tu?
> *About whom are you talking?*

exercice   10-1

*Formulate a question for each statement, using an interrogative pronoun in the simple form to replace the phrase in boldface. Use **vous** for* you, *and invert the subject and verb.*

1. J'ai donné mon dictionnaire **à Jean**.

   _____

2. Je suis parti en vacances **avec mes amis irlandais**.

   _____

3. Nous avons rencontré Hervé **chez Paul**.

   _____

4. Nous avons parlé **de notre professeur de philosophie**.

   _____

5. Nous avons téléphoné **à la responsable du service**.

   _____

6. J'ai travaillé **pour M. Mauriceau** tout l'été.

   _____

7. Nous pouvons compter **sur Philippe**.

   _____

8. Je peux avoir confiance **en lui**.

   _____

9. Je parle **avec mes collègues à Hong Kong** tous les jours.

   _____

10. Nous aimons passer les fêtes **chez nos cousins**.

    _____

The simple forms of the interrogative pronoun used when referring to things follow.

que	what (direct object)
à quoi	to what (object of a preposition)
avec quoi	with what (object of a preposition)
de quoi	about what (object of a preposition)

> **Que** fait-il à Lyon?
> *What is he doing in Lyon?*

À quoi pense-t-elle?
What is she thinking about?

Avec quoi a-t-il réparé son vélo?
With what did he repair his bicycle?

De quoi Bertrand a-t-il parlé?
What did Bertrand talk about?

---

exercice   10-2

Formulate a question for each statement, using an interrogative pronoun in the simple form to replace the phrase in boldface. Invert the subject and verb.

1. Il pense **à ses prochaines vacances**. _____

2. Elle écrit **avec un stylo à encre violette**. _____

3. Ils s'intéressent **à la politique**. _____

4. La table est **en marbre**. _____

5. Il rêve **à des jours meilleurs**. _____

6. Cet appareil sert **à moudre du poivre**. _____

7. Ils parlent **de la situation économique**. _____

8. Elle tricote **avec de grosses aiguilles**. _____

9. Elle s'approche **du château mystérieux**. _____

10. Il travaille **pour la gloire**. _____

Questions are often asked with the less formal **est-ce que** form. There is no inversion of the subject and verb.

Let's look at the compound forms of interrogative pronouns.

The compound forms used when referring to a person follow.

qui est-ce qui	*who* (subject)
qui est-ce que	*whom* (direct object)
à qui est-ce que	*to whom* (object of a preposition)
avec qui est-ce que	*with whom* (object of a preposition)

Qui est-ce qui a téléphoné?
Who called?

Qui est-ce que vous avez invité?
Whom did you invite?

Avec qui est-ce que tu dînes ce soir?
With whom are you having dinner tonight?

Formulate a question for each statement, using an interrogative pronoun in the compound form to replace the noun or phrase in boldface.

1. **Antoine** est arrivé hier. _____

2. Tu dînes **avec Julien** demain. _____

3. Vous avez engagé **un nouvel employé**. _____

4. Vous avez confiance **en lui**. _____

5. Ils vont **chez leurs meilleurs amis** demain soir.

   _____

6. Ils parlent **de leur nouveau directeur**. _____

7. Vous vous adressez **à la gérante**. _____

8. Tu as vu **Pierre** dans le quartier. _____

9. Il a persuadé **les électeurs**. _____

10. Il s'est marié **avec Armelle**. _____

The compound forms of the interrogative pronoun used when referring to things follow.

qu'est-ce qui	*what* (subject)
qu'est-ce que	*what* (direct object)
à quoi est-ce que	*to what* (object of a preposition)
de quoi est-ce que	*about what* (object of a preposition)

Qu'est-ce qui se passe?
What's happening?

Qu'est-ce que tu as fait hier soir?
What did you do last night?

À quoi est-ce qu'il pense?
What is he thinking about?

exercice   10-4

Formulate a question for each statement, using an interrogative pronoun in the compound form to replace the phrase in boldface.

1. Il veut **une montre** pour son anniversaire.

   _____

2. Ils font **la cuisine**. _____

3. **Un accident** est arrivé. _____

4. Karim travaille **avec ce matériel performant**.

   _____

5. Vous pensez **aux prochaines élections**. _____

6. Elle a parlé **de l'environnement**. _____

7. Vous regardez **les étoiles**. _____

8. C'est **en cristal**. _____

9. Il s'habitue **à sa nouvelle vie**. _____

10. Vous préparez **des hors-d'œuvre** pour la réception.

   _____

exercice   10-5

Complete each question with the appropriate interrogative pronoun, in the simple or compound form, as required. For some questions, you will need to include a preposition.

1. _____ tu aimes comme friandises?

2. _____ s'est passé?

3. _____ vous avez reçu comme cadeau?

4. _____ elle a téléphoné?

5. _____ tu vas inviter au vernissage?

6. _____ vous lisez comme genre de roman?

7. _____ prends-tu comme apéritif?

8. _____ tu partages ton appartement?

9. _____ peut-on compter pour accomplir une telle tâche?

10. _____ s'intéresse-t-il dans la vie, à part à la musique?

11. _____ est la table? En bois ou en verre?

12. _____ sert cette nouvelle machine? À couper le papier?

13. _____ il s'approche? De la rivière ou de l'usine?

14. _____ vous êtes-vous adressé pour avoir une réponse?

15. _____ s'est-elle mariée?

16. _____ a-t-elle envie comme cadeau pour son anniversaire?

17. _____ le médecin lui a interdit de manger?

18. _____ Christian a-t-il posé la question?

19. _____ partez-vous en vacances? Avec vos cousins ou vos amis?

20. _____ vous voulez manger ce soir?

To indicate a choice, whether between people or between things, the interrogative pronoun **lequel** is used.

Singular		Plural	
lequel	*which one* (masc.)	**lesquels**	*which ones* (masc. OR masc. and fem.)
laquelle	*which one* (fem.)	**lesquelles**	*which ones* (fem. only)

Lequel est-ce que tu préfères? Le bleu ou le noir?
Which one do you prefer? The blue one or the black one?

Nous avons plusieurs bicyclettes. **Laquelle** voulez-vous emprunter?
We have several bicycles. Which one do you want to borrow?

Parmi tous ces candidats, **lesquels** sont les mieux qualifiés?
Among all these candidates, which ones are the best qualified?

When preceded by the preposition **à** or **de**, the interrogative pronoun may be contracted: **auquel, auxquels, auxquelles, duquel, desquels, desquelles. À laquelle** and **de laquelle** are not contracted.

Vous parlez **d'**un collègue? **Duquel** parlez-vous?
You are talking about a colleague? Which one are you talking about?

Tu te sers **d'**une imprimante? **De laquelle** te sers-tu?
You are using a printer? Which one are you using?

Tu t'opposes **à** un projet de loi? **Auquel** t'opposes-tu?
You are opposed to a bill? Which one are you opposed to?

Vous vous êtes habitué **à** un logiciel plutôt complexe? **Auquel** vous êtes-vous habitué?
You got used to a rather complex software program? Which did you get used to?

exercice   10-6

Complete each question with the appropriate form of the interrogative pronoun **lequel**.
For some questions, you will need to include a preposition.

1. De tous ces tableaux, _____ préfères-tu? (*plural*)

2. Parmi ces écrivains, _____ vous a le plus ému? (*singular*)

3. Ludovic a besoin d'un dossier. _____ a-t-il besoin? (*singular*)

4. Un film de Godard? _____ penses-tu? (*singular*)

5. Elle a feuilleté quelques revues. Je ne sais pas _____ elle s'est abonnée. (*singular*)

6. Il s'est servi d'un des nouveaux logiciels. _____ s'est-t-il servi? (*singular*)

7. Il s'intéresse à ces expositions. _____ tu t'intéresses? (*singular*)

8. Entre ces deux villas, _____ allez-vous choisir? (*singular*)

9. Ce n'est pas le livre _____ je pense. (*singular*)

10. Ce n'est pas la vie _____ elle aspire. (*singular*)

11. _____ de vos chats est le plus affectueux? (*singular*)

12. _____ de vos amies sera à La Rochelle cet été? (*singular*)

13. Vous avez besoin de quelques articles de cette revue. _____ avez-vous besoin de façon urgente? (*plural*)

14. _____ de ces étudiants ont le plus de chance de réussir? (*plural*)

15. _____ de ces espèces rares sont en voie de disparition? (*plural*)

16. _____ de ces acteurs est le plus jeune? (*singular*)

17. De ces deux robes, _____ préfères-tu? (*singular*)

18. De tous ces conférenciers, _____ étaient les plus passionnants? (*plural*)

19. Il a promis une augmentation à l'un de ses employés mais il ne sait plus _____ il l'a promise. (*singular*)

20. Il y a eu plusieurs incidents. _____ réfères-tu? (*singular*)

exercice   10-7

Translate the following sentences into French, using the appropriate form of **lequel**.
Use a preposition where necessary, and invert the subject and verb in questions.

1. Which one of these soaps do you (**tu**) prefer?

   _____

2. I bought two brioches. Which one do you (**tu**) want?

   _____

3. This director has made many films. Which one is your (**tu**) favorite?

   _____

4. You (**tu**) talked with several travel agents. With which one will you make your reservations?

   _____

   _____

5. She needs some of these documents. Which ones does she need for tomorrow?

   _____

   _____

6. What beautiful flowers! Which ones grow best in this climate?

   _____

7. They subscribe to a newspaper. To which one do they subscribe?

   _____

8. Of these two soccer teams, which one will win?

   _____

9. My colleagues proposed several projects. Which one is the best?

   _____

10. You (**vous**) are looking at glasses. Which ones do you want to try on?

   _____

Adjective or Pronoun?

There is often confusion between *what* and *which* as an adjective and *what* as a pronoun.

Quelle est votre adresse?
What is your address? (adjective)

Quel est votre numéro de téléphone?
What is your phone number? (adjective)

Quel candidat est le mieux qualifié?
Which candidate is best qualified? (adjective)

Qu'est-ce qui s'est passé hier soir?
What happened last night? (pronoun)

Qu'est-ce qu'elle explique?
What is she explaining? (pronoun)

Lequel voulez-vous? Le vert ou le jaune?
Which one do you want? The green one or the yellow one? (pronoun)

exercice   10-8

Translate the following sentences into French, using the simple or compound form of the interrogative pronoun, as indicated.

1. Who left at 3 P.M.? (*simple*)

_____

2. What does he want? (*simple*)

_____

3. With what did you (**vous**) write this message? (*compound*)

_____

4. Whom did she call when she arrived? (*compound*)

_____

5. What are you (**vous**) thinking about? (*simple*)

_____

6. For whom did she use to work? (*compound*)

_____

7. With whom did you (**vous**) travel to Morocco? (*compound*)

_____

8. Who is going to create the Web site for your (**vous**) company? (*compound*)

_____

9. Whom did you (**tu**) meet at the concert? (*simple*)

_____

10. What did you (**tu**) study at the university? (*compound*)

_____

11. Who made this delicious dessert? (*simple*)

_____

12. What did she see at the museum? (*compound*)

_____

13. What did they do last weekend? (*compound*)

_____

14. What happened last night? (*compound*)

_____

15. What's going on? (*compound*)

_____

16. To whom are you (**tu**) going to give this silver watch? (*simple*)

_____

17. With whom did he go to the concert? (*simple*)

_____

18. Who wrote this poem on the wall? (*simple*)

_____

19. What characterizes the cuisine in this region of France? (*compound*)

_____

20. Whom are you (**tu**) talking to? (*simple*)

_____

Indefinite Pronouns

Indefinite pronouns refer to no particular person, idea, situation, or thing.

The indefinite pronouns in the following examples refer to a person.

> **Quelqu'un** a téléphoné pendant ton absence.
> *Someone called during your absence.*

> Il a aperçu **quelqu'un** dans le couloir.
> *He noticed someone in the hallway.*

The indefinite pronouns in the following examples refer to a situation or thing.

> **Quelque chose** de grave est arrivé.
> *Something serious happened.*

> J'aimerais lui rapporter **quelque chose** du Tibet.
> *I would like to bring back something for her from Tibet.*

When **quelqu'un** and **quelque chose** are followed by an adjective, **de** must precede the adjective. The adjective remains in the masculine singular form.

> Elle a rencontré **quelqu'un de** charmant.
> *She met someone charming.*

> **Quelqu'un de** bizarre avait été invité.
> *Someone strange had been invited.*

> Il a mangé **quelque chose d'**épicé.
> *He ate something spicy.*

> Ils ont vu **quelque chose d'**effrayant.
> *They saw something scary.*

exercice 11-1

Complete each sentence with the appropriate indefinite pronoun.

1. Ils ont acheté _____ au marché.

2. _____ a sonné à la porte à minuit.

3. Je connais _____ dans ce bureau.

4. Il a ajouté _____ doux-amer dans la soupe.

5. Fabien a raconté _____ amusant.

6. Je n'ai jamais rencontré _____ si drôle.

7. Qui sait si le gouvernement fera _____ pour résoudre ce problème!

8. Il a trouvé _____ sérieux pour le remplacer cet été.

9. Il a mangé _____ qui n'était pas frais et il est tombé malade.

10. On cherche toujours _____ responsable pour assurer la surveillance des locaux.

exercice 11-2

Translate the following sentences into French. For questions, invert the subject and verb.

1. They ordered something good.

   _____

2. She selected something expensive.

   _____

3. We invited someone very important.

   _____

4. Someone nice welcomed us.

   _____

5. Something unusual happened that evening.

   _____

6. Will you (**tu**) contact someone famous in Paris?

_____

7. He wants to eat something sweet.

_____

8. Did you (**vous**) find something cheap in the store?

_____

9. Something wonderful will happen to you (**tu**).

_____

10. He is reading something difficult.

_____

Other indefinite pronouns are **certains/certaines** (_some_), **chacun/chacune** (_each, every_), **d'autres** (_others_), **plusieurs** (_several_), **quelques-uns/quelques-unes** (_some_), and **tout** (_everything_).

> **Certaines** de ses pièces ont eu beaucoup de succès.
> _Some of her plays were very successful._

> **Chacun** a le droit de s'exprimer.
> _Every person has the right to express himself._

> **Chacun** d'entre nous a reçu un prix.
> _Each of us received an award._

> **Chacune** a décroché un diplôme.
> _Each person got a degree._

> **D'autres** ont reçu des critiques défavorables.
> _Others got unfavorable reviews._

> **Plusieurs** d'entre eux portaient de gants blancs.
> _Several of them were wearing white gloves._

> **Quelques-uns** n'ont pas répondu.
> _Some did not reply._

> **Quelques-unes** étaient habillées en velours rouge.
> _Some were dressed in red velvet._

> Elle sait **tout**.
> _She knows everything._

> On s'habitue à **tout**.
> _One gets used to everything._

Quelque part refers to an indefinite location.

> Il habite **quelque part** en Bourgogne.
> _He lives somewhere in Burgundy._

Tu finiras bien par trouver ce que vous cherchez **quelque part**.
You'll eventually find what you are looking for somewhere.

To make **quelque part** negative, use **ne... nulle part**.

Vous **ne** trouverez ces articles **nulle part** dans la région.
You won't find these articles anywhere in the area.

Elle **n'**a **nulle part** où aller.
She has nowhere to go.

N'importe qui/quoi refers to *any* person or thing, in the sense of "it doesn't matter which one."

N'importe qui pourrait faire ce travail.
Anyone could do this job.

Je ne confierais pas cette responsabilité à **n'importe qui**.
I would not entrust this responsibility to anyone.

Ce n'est pas **n'importe qui**.
He's not just anybody.

Il mange tout et **n'importe quoi**.
He'll eat anything.

When you don't know someone's name, use the indefinite pronoun **Untel**—*So-and-so.*

Madame **Untel** s'est levée et s'est mise à chanter.
Mrs. So-and-so got up and started to sing.

Autrui refers to the human race as a whole and is usually translated *others.*

Il faut respecter le bien d'**autrui**.
One must respect the property of others.

Ne fais pas à **autrui** ce que tu ne voudrais pas qu'on te fît.
Do unto others as you would have them do unto you.

Ils n'aiment pas faire de mal à **autrui**.
They do not like hurting others.

exercice	11-3

Translate the following sentences into French, using an indefinite pronoun.
For questions, invert the subject and verb.

1. Each one (*masc.*) received a gold medal.

_____

2. Everything was wonderful.

_____

3. Several of them were eating in the kitchen.

_____

4. "Where do you (**vous**) want to go?" "Nowhere."

_____

5. Several of them work in this factory.

_____

6. Some were poor, others were rich.

_____

7. "Where are your (**tu**) keys?" "Somewhere in the house."

_____

8. Anyone can do it.

_____

9. She can do anything.

_____

10. Each one (_fem._) had a different instrument.

_____

Possessive Pronouns

A possessive pronoun replaces a possessive adjective and the noun to which it refers. It agrees in gender and number with the noun it replaces.

Masculine Singular	Feminine Singular	Masculine Plural	Feminine Plural	English
le mien	**la mienne**	**les miens**	**les miennes**	*mine*
le tien	**la tienne**	**les tiens**	**les tiennes**	*yours*
le sien	**la sienne**	**les siens**	**les siennes**	*his, hers*
le nôtre	**la nôtre**	**les nôtres**	**les nôtres**	*ours*
le vôtre	**la vôtre**	**les vôtres**	**les vôtres**	*yours*
le leur	**la leur**	**les leurs**	**les leurs**	*theirs*

Je prends **ma voiture**.
I take my car.
Je prends **la mienne**.
I take mine.

Ils voient **leurs parents** tous les mois.
They see their parents every month.
Ils voient **les leurs** tous les mois.
They see theirs every month.

Elle préfère **son quartier**.
She prefers her neighborhood.
Elle préfère **le sien**.
She prefers hers.

Il voudrait vendre **sa moto**.
He would like to sell his motorbike.
Il voudrait vendre **la sienne**.
He would like to sell his.

exercice   12-1

Write the appropriate possessive pronoun to replace the noun phrase in boldface.

1. Elle aime **son école**. _____

2. **Mon bureau** est au quatrième étage. _____

3. Vous choisissez **vos amis**. _____

4. **Leur mère** est péruvienne. _____

5. **Notre représentant** s'appelle André. _____

6. **Votre ordinateur** est très performant. _____

7. Il connaît bien **ses voisins**. _____

8. **Son courrier** est énorme. _____

9. **Tes clés** sont sur la table basse. _____

10. **Votre vie** est passionnante. _____

11. Elle surveille **ses enfants**. _____

12. **Son magasin** est bien situé. _____

13. **Ta veste** est très jolie. _____

14. **Vos romans** ont beaucoup de succès. _____

15. **Ton restaurant** est fermé. _____

16. **Nos valises** sont dans le couloir. _____

17. **Leurs tasses** sont cassées. _____

18. **Mon chat** est un persan aux yeux verts. _____

19. **Ses photos** sont en noir et blanc. _____

20. **Sa voiture** est en panne. _____

exercice | **12-2**

Write the appropriate possessive pronouns to replace the noun phrases in boldface.

1. **Votre imprimante** est meilleure que **mon imprimante**.

   _____ , _____

2. **Nos tables** sont en bois. **Leurs tables** sont en marbre.

   _____ , _____

3. **Son emploi du temps** est chargé. **Ton emploi du temps** est idéal!

   _____ , _____

4. **Leurs idées** sont médiocres. **Ses idées** sont brillantes.

   _____ , _____

5. **Tes films** sont sous-titrés. **Leurs films** sont doublés.

   _____ , _____

6. **Mon cousin** s'appelle Jim. **Ton cousin** s'appelle Thomas.

   _____ , _____

7. **Sa rédactrice** est lente. **Ma rédactrice** est très efficace.

   _____ , _____

8. **Ta cuisine** est en ordre. **Leur cuisine** est en désordre.

   _____ , _____

9. **Votre papier** est bleu. **Son papier** est ocre.

   _____ , _____

10. **Leur veste** est en lin. **Ma veste** est en cuir.

    _____ , _____

11. **Son appartement** est vaste. **Ton appartement** est minuscule.

    _____ , _____

12. **Leurs lois** sont partiales. **Nos lois** sont justes.

    _____ , _____

13. **Vos candidats** sont intelligents. **Leurs candidats** sont idiots.

    _____ , _____

14. **Tes livres** sont à l'école. **Mes livres** sont à la maison.

————————————— , —————————————

15. **Leurs invités** sont à l'heure. **Nos invités** sont en retard.

————————————— , —————————————

16. **Leur témoignage** est précieux. **Votre témoignage** est discutable.

————————————— , —————————————

17. **Son chien** a cinq ans. **Ton chien** a huit ans.

————————————— , —————————————

18. **Tes copains** apporteront le dessert. **Ses copains** apporteront le champagne.

————————————— , —————————————

19. **Ton piano** est tout neuf. **Mon piano** est plutôt vieux.

————————————— , —————————————

20. **Leur immeuble** est modeste. **Son immeuble** est très chic.

————————————— , —————————————

exercice   12-3

Translate the following sentences into French, using possessive pronouns.

1. My friend (*masc.*) works in Paris, his works in Fontainebleau.

———————————————————————————————————

2. Our family loves Normandy, yours (**vous**) prefers the Riviera.

———————————————————————————————————

3. His wife drives to work, mine takes the bus.

———————————————————————————————————

4. Their daughter studies Italian, ours studies Chinese.

———————————————————————————————————

5. His paintings are ugly, yours (**vous**) are beautiful.

———————————————————————————————————

6. His books are always more interesting than theirs.

———————————————————————————————————

7. This raincoat is more elegant than hers.

_____

8. My house is larger than theirs, but theirs was less expensive than mine.

_____

9. Your (**tu**) cat isn't as friendly as his, but his sleeps more than yours.

_____

10. Our brands are less expensive than theirs, and our basic products are better than theirs.

_____

11. It's my life, not yours (**tu**)!

_____

12. It's her problem, not ours!

_____

13. Your (**vous**) printer works better than mine.

_____

14. His schedule is worse than mine.

_____

15. Your (**vous**) office is larger than ours.

_____

16. His leather jacket is nicer than ours.

_____

17. Your (**vous**) children are older than mine.

_____

18. Her testimony was more moving than theirs.

_____

19. Your (**vous**) neighbors make less noise than hers.

_____

20. His brother makes more money than mine.

_____

The possessive pronoun is often used with **aussi** and **non plus** to add information of a similar kind to a positive or negative statement.

—Notre voyage était trop court. —**Le mien aussi.**
"Our trip was short." "So was mine."

—Mes chaussures n'étaient pas mouillées. —**Les leurs non plus.**
"My shoes were not wet." "Neither were theirs."

exercice   12-4

Complete each sentence with the appropriate possessive pronoun, using the pronoun in parentheses as the key to gender and number.

1. —Mon entraînement était difficile. —_____ était plus facile. (elle)

2. —Sa combinaison de ski n'est pas assez chaude. —_____ est parfaite. (nous)

3. —Ton avocat est redoutable. —_____ est plutôt faible. (ils)

4. —Notre miel est délicieux. —_____ est amer. (il)

5. —Ses arguments sont faibles. —_____ sont forts. (vous)

6. —Mon plat n'est pas assez épicé. —_____ l'est trop. (tu)

7. —Son approche n'est pas globale. —_____ est limitée. (tu)

8. —Leur conférence est ennuyeuse. —_____ est fascinante. (vous)

9. —Ton entreprise est rentable. —_____ perd de l'argent tous les jours. (ils)

10. —Leurs ouvriers sont en grève. —_____ travaillent. (ils)

11. —Ton absence est rare. —_____ l'est encore davantage. (je)

12. —Sa démission est imminente. —_____ attendra encore un peu. (je)

13. —Leur promotion n'est pas approuvée. —_____ le sera demain. (vous)

14. —Notre passeport est périmé. —_____ est toujours valable. (elle)

15. —Ma voiture est en panne. —_____ marche bien. (nous)

16. —Leurs produits sont haut de gamme. —_____ sont bas de gamme. (nous)

17. —Nos flacons de parfum sont en cristal. —_____ sont en verre ordinaire. (ils)

18. —Notre T.V.A. est trop élevée. —_____ est assez basse. (vous)

19. —Votre salle de spectacle est trop petite. —_____ est immense. (ils)

20. —Ton émission littéraire est excellente. —_____ est ennuyeuse. (elle)

Possessive Pronouns and Possession

When a possessive follows the verb **être**, a disjunctive pronoun introduced by the preposition **à** is generally used.

Ce carnet est **à moi**.
This notebook is mine.

Ces cartes routières sont **à lui**.
These road maps are his.

Cette valise n'est pas **à elle**.
This suitcase is not hers.

If a distinction is to be made, the possessive pronoun is used for emphasis.

Ce n'est pas **le tien**, c'est **le mien**!
It's not yours, it's mine!

Ce sac n'est pas **le vôtre**, c'est **le sien**!
This bag is not yours, it's his!

exercice 12-5

*Translate the following sentences into French, using the preposition **à** plus a disjunctive pronoun.*

1. This bird is hers. _____

2. This plane is theirs. _____

3. This mirror is mine. _____

4. This bottle of water is yours (**tu**). _____

5. These shoes are yours (**vous**). _____

6. These baguettes are theirs. _____

7. This soup is yours (**vous**). _____

8. This wallet is not mine. _____

9. This car isn't ours. _____

10. This room is mine, not yours (**tu**)! _____

11. These keys are ours. _____

12. This novel is not mine. _____

13. All this mail is hers. _____

14. Is this green jacket yours (**tu**)? _____

15. These two cups are not ours. _____

16. Is this black notebook hers? _____

17. This piano is hers, not yours (**tu**)! _____

18. This bottle of perfume is hers. _____

19. This recipe is his. _____

20. This newspaper is not mine. _____

Some idiomatic expressions are also formed with possessive pronouns.

> À **la vôtre**!
> *Cheers!*
>
> Après son divorce, il est allé vivre chez **les siens**.
> *After his divorce, he went to live with his family.*
>
> Seras-tu **des nôtres** ce soir?
> *Will you join us tonight?*
>
> Ma voiture a encore **fait des siennes**!
> *My car has been acting up again!*
>
> Si tu veux décrocher ton diplôme, il faut que tu **y mettes du tien**!
> *If you want to get your degree, you have to work hard!*

exercice	12-6

Choose the option that best explains the statement with an idiomatic expression in boldface.

1. Cet enfant ne cesse de **faire des siennes** dans le cours de maths.

    a. Il aide ses camarades de classe à faire leurs devoirs.

    b. Il élabore des équations très complexes.

    c. Il perturbe le cours en faisant des bêtises.

2. Elle m'a promis qu'elle serait **des nôtres** pour le mariage de Laure.

    a. Elle fera la cuisine pour toute la famille.

    b. Elle viendra au mariage.

    c. Elle sera le témoin de Laure.

3. **Les siens** sont très contents de son succès.

    a. Sa famille est très contente de son succès.

    b. Ses chats sont très contents de son succès.

    c. Son futur employeur est très content de son succès.

4. À la fin du discours, les invités ont levé leur verre et ils ont dit: "**À la nôtre**!"

    a. Ils ont dit: "À la patrie!"

    b. Ils ont dit: "À notre famille!"

    c. Ils ont dit: "À notre santé!"

5. Les négociations syndicales ont été laborieuses. Heureusement, **les nôtres** ont fini par gagner la lutte!

    a. Nos adhérents ont fini par gagner la lutte!

    b. Nos patrons ont fini par gagner la lutte!

    c. Nos actionnaires ont fini par gagner la lutte!

Numbers as Pronouns

A number can function as a pronoun when it stands for a number plus a noun that either is understood or has been omitted. Both cardinal and ordinal numbers can serve this function.

Cardinal Numbers

un/une	*one*	**cent**	*one hundred*
deux	*two*	**cent un**	*one hundred one*
trois	*three*	**deux cents**	*two hundred*
quatre	*four*	**deux cent un**	*two hundred one*
cinq	*five*	**mille**	*thousand*
six	*six*	**deux mille**	*two thousand*
sept	*seven*		
huit	*eight*		
neuf	*nine*		
dix	*ten*		

When used as a pronoun, a cardinal number includes the sense of the understood noun.

> —Combien de chats avez-vous? —J'en ai **quatre**.
> *"How many cats do you have?" "I have four."*

Quatre is a pronoun, since it refers to the cats mentioned in the preceding question. The pronoun **en** is required. Remember that **un**, as a pronoun, changes to **une** when it replaces a feminine noun.

> —Combien de salles y a-t-il dans cet institut? —Il y en a **vingt**.
> *"How many rooms are there in this institute?" "There are 20."*

> Il a acheté deux statues. Elle en a acheté **trois**.
> *He bought two statues. She bought three.*

> Toutes les voitures roulaient à **cent** à l'heure.
> *All the cars were driving 100 kilometers an hour.*

Here the noun **kilomètres** is understood from the context.

> L'armée a dû battre en retraite. **Trente mille** sont morts.
> *The army had to beat a retreat. Thirty thousand died.*

Here the noun **soldats** is understood from the context.

116

exercice   13-1

Translate the following sentences into French. For questions, invert the subject and verb.

1. "How many watches do you (**tu**) have?" "I have three."

   _____

2. "How many newspapers do you (**vous**) read every day?" "I read two."

   _____

3. She has two birds. He has five.

   _____

4. He broke one glass. His brother broke three.

   _____

5. "How many suitcases do you (**vous**) have?" "I have two."

   _____

6. I have one painting by this Haitian artist. He has five.

   _____

7. "How many guests were there at the party?" "There were 50."

   _____

8. She bought one dress. Her sister bought three.

   _____

9. He knows all the inhabitants of the island. She only knows one or two.

   _____

10. "How many rolls of film do you (**vous**) have?" "I have ten."

    _____

Ordinal Numbers

le premier/la première	*the first*	**le septième**	*the seventh*
le deuxième	*the second*	**le huitième**	*the eighth*
le troisième	*the third*	**le neuvième**	*the ninth*
le quatrième	*the fourth*	**le dixième**	*the tenth*
le cinquième	*the fifth*	**le dernier/la dernière**	*the last*
le sixième	*the sixth*		

exercice   13-2

Based on the numbered pictures, complete each sentence with the appropriate ordinal pronoun.

1.   2.    3.    4.    5.

6.   7.    8.    9.    10.

1. La statue est _____.

2. Le lit est _____.

3. La lampe est _____.

4. La montre est _____.

5. L'ordinateur est _____.

6. Le chat est _____.

7. La valise est _____.

8. La chaussure est _____.

9. Le stylo est _____.

10. Le livre est _____.

Ordinal numbers are also used to identify the floor of a building or a district (**arrondissement**) in Paris.

Il habite **au quatrième**.
He lives on the fourth floor.

Madame Letourneau est ma voisine **du cinquième**.
Mrs. Letourneau is my neighbor on the fifth floor.

Elle habite **dans le vingtième**.
She lives in the twentieth arrondissement.

Note that **le premier étage** in France is the second floor in the United States. The main floor is **le rez-de-chaussée**.

exercice   13-3

Translate the following sentences into French, using numbers as pronouns. For questions,
use the **est-ce que** *form.*

1. His first film was better than his last.

    _____

2. "Does Thomas live on the third floor?" "No, he lives on the fifth."

    _____

3. She used to work in the seventh arrondissement. Now she works in the fourteenth.

    _____

    _____

4. His car finished in third place. Mine, in fifth.

    _____

5. "Her birthday is June fifth?" "No, it's the first."

    _____

6. "Is it her first baby?" "No, it's her third."

    _____

7. This newspaper's main offices used to be in the sixth arrondissement. Now it's in the tenth.

    _____

    _____

8. The first questions on an exam are always more difficult than the last ones.

    _____

    _____

9. The offices are on the ninth floor. The cafeteria, on the tenth.

    _____

10. The Louvre Museum (**le musée du Louvre**) is in the first arrondissement. The Rodin Museum
    (**le musée Rodin**), in the seventh.

    _____

    _____

Relative Pronouns

It is essential to know how to connect different ideas in the same sentence. One way to link ideas to persons and things already mentioned is by using relative pronouns. A relative pronoun relates two sentences, making one dependent on the other. This dependent sentence is called a subordinate clause. Choosing the correct form of the relative pronoun depends on the pronoun's function in the sentence (subject, direct object, or object of a preposition).

Let's start with the relative pronoun **qui** used as a subject. **Qui** may refer to people or things and may mean *who, which, what,* or *that.* The **i** of **qui** is never dropped before a vowel.

> Je connais la personne **qui** parle.
> *I know the person who is speaking.*

> Elle regarde le chat **qui** dort.
> *She is looking at the cat, who is sleeping.*

> J'ignore **qui** il est.
> *I don't know who he is.*

The relative pronoun, which is often omitted in English, must be used in French.

> Le film **qui** passe ce soir est un classique.
> *The film (that) they are showing tonight is a classic.*

> Voici des produits **qui** se vendent comme des petits pains.
> *Here are products that sell like hot cakes.*

The verb following **qui** agrees in person and number with the noun that **qui** replaces.

> C'est moi **qui** suis arrivée la première.
> *It's me who arrived first.*

> C'est vous **qui** avez raison.
> *It's you who are right.*

> C'est nous **qui** sommes en retard.
> *It's us who are late.*

When the clause introduced by a relative pronoun already has a subject, the relative pronoun is the object of the verb of the clause it introduces. In this case, the relative pronoun **que** (*whom, which, that*) is used. Like **qui**, **que** may refer to people or things. The **e** of **que** is dropped before a vowel.

C'est le journaliste **que** nous préférons.
It's the journalist we prefer.

Il engagera l'interprète **que** nous recommandons toujours.
He'll hire the interpreter we always recommend.

C'est une émission **que** tu dois écouter.
Here's a program you must listen to.

Il aime l'oiseau **que** le marchand lui a vendu.
He likes the bird the merchant sold him.

In compound tenses, if the direct object relative pronoun is placed before the verb, the past participle agrees in gender and number with the noun that the pronoun replaces.

Les fleurs **que** vous avez achet**ées** sont très belles.
The flowers you bought are very beautiful.

Les photos **qu'**il a pris**es** sont un peu floues.
The pictures he took are a bit blurred.

La robe **qu'**elle a fait**e** est en lin.
The dress she made is linen.

Often, the relative clause is inserted in the main clause. Note that **qui** and **que** may refer to either people or things.

La femme **qui** chante sur la scène, est aussi une célèbre pianiste.
The woman who is singing on stage is also a famous pianist.

Le livre **qui** est sur la table, a été publié après la mort de l'écrivain.
The book that is on the table was published after the writer's death.

L'employé **que** vous avez licencié l'an dernier, s'est installé en Nouvelle-Zélande.
The employee you laid off last year settled in New Zealand.

La maison **que** vous apercevez sur la colline, appartient à un archéologue hollandais.
The house you see on the hill belongs to a Dutch archeologist.

exercice 14-1

*Complete each sentence with the appropriate relative pronoun, **qui** or **que**.*

1. C'est un écrivain _____ habite au Sénégal.

2. Elle fait des voyages _____ lui permettent de découvrir le monde.

3. L'examen _____ il va passer demain, est difficile.

4. Les arbres _____ bordent la route, sont des chênes.

5. L'instituteur _____ parle s'appelle M. Renault.

6. Le musée _____ nous voulions visiter, est fermé.

7. Le musée _____ se trouve rue Chaptal, est le Musée de la Vie romantique.

8. La librairie _____ nous préférons, se trouve dans le quinzième arrondissement.

9. L'enfant _____ joue dans le jardin, est mon neveu.

10. La chanson _____ il chante, s'appelle *À la claire fontaine*.

11. Le pont _____ relie l'île à la terre ferme, fait plus de deux kilomètres de long.

12. Le film _____ tu regardes, est un film de Werner Herzog.

13. L'histoire _____ Patrice raconte, est très drôle.

14. Tu n'as pas tenu la promesse _____ tu as faite.

15. Le train _____ vient de passer, est le TGV Paris-Marseille.

16. C'est le chinois _____ elles étudient.

17. L'actrice _____ interprète le rôle d'Emma, est danoise.

18. Le phare _____ vous voyez au loin, est le plus vieux de France.

19. Les lunettes de soleil _____ sont sur la commode, sont à moi.

20. Voici l'explorateur _____ part pour la Sibérie.

exercice 14-2

Rewrite the following pairs of sentences, connecting them with a relative pronoun.
Some of the relative clauses may be inserted in the middle of the main clause.

1. Ils regrettent la chaumière. Ils ont vendu la chaumière.

   _____

2. Il écrit à sa tante. Il ne voit pas souvent sa tante.

   _____

3. Elle aime son travail. Son travail est exigeant.

   _____

4. Vous prenez les médicaments. Le médecin prescrit les médicaments.

_____

5. Les marins rentrent au port. Les marins sont fatigués.

_____

6. Ils attendent leurs amis. Leurs amis sont en retard.

_____

7. Elle a trouvé les dossiers. Elle cherchait les dossiers.

_____

8. Ils envoient la liste. Les clients attendent la liste.

_____

9. Le restaurant est branché. Ils fréquentent le restaurant.

_____

10. Il remercie son oncle. Son oncle lui a donné sa vieille voiture.

_____

11. Maud aime les fleurs. Le jardinier fait pousser les fleurs.

_____

12. Il enseigne dans un lycée. Le lycée se trouve en banlieue.

_____

13. Vous habitez dans une maison. La maison est en pleine campagne.

_____

14. Il regarde les films. Tu recommandes les films.

_____

15. Elles arrivent au théâtre. Le théâtre est à Montparnasse.

_____

16. Je connais le poème. Elle récite le poème.

_____

17. Pour son bébé, elle a choisi un prénom. Le prénom est joli.

_____

18. Il a engagé une interprète. L'interprète est compétente.

_____

19. J'ai interviewé l'écrivain. Ils ont invité l'écrivain.

_____

20. Vous aimez le parfum. Ils ont créé le parfum.

_____

When a verb is followed by a preposition, the relative pronoun **qui, quoi, lequel, laquelle, lesquels,** or **lesquelles** is used. The preposition comes before the relative pronoun.

Qui is used to refer to people only, and **lequel, laquelle, lesquels,** and **lesquelles** generally refer to things. Less commonly, **lequel, laquelle, lesquels,** and **lesquelles** may refer to people.

C'est l'ami **à qui** j'ai prêté mon appareil photo numérique.
It's the friend to whom I lent my digital camera.

Less common but grammatically correct, **auquel** (**à** + **lequel**) may be used instead of **à qui**.

C'est l'ami **auquel** j'ai prêté mon appareil photo numérique.
It's the friend to whom I lent my digital camera.

C'est le cadeau **auquel** je pensais.
It's the present I was thinking about.

Je ne sais pas **à quoi** il pense.
I don't what he is thinking about.

C'est la femme **pour qui** il travaille.
It's the woman for whom he is working.

C'est l'entreprise **pour laquelle** il travaille.
It's the company for which he is working.

Ils ont rapporté des données **sans lesquelles** je n'aurais pas pu achever ma thèse.
They brought back some data without which I would not have been able to complete my thesis.

J'admire l'élégance **avec laquelle** elle a prononcé son discours.
I admire the elegance with which she made her speech.

Voici Zoé **par qui** nous avons appris la nouvelle.
Here's Zoé, through whom we learned the news.

Voici les photos **parmi lesquelles** j'ai trouvé celle de son ancien mari.
Here are the pictures among which I found the one of her former husband.

Note that **qui** cannot be used with the preposition **parmi** (_among_).

Il avait des collègues **parmi lesquels** il y avait beaucoup d'Indiens.
He had colleagues among whom there were a lot of Indians.

exercice   **14-3**

Complete each sentence with a relative pronoun plus the preposition in parentheses.

1. Le promoteur _____ vous avez vendu votre terrain, est très riche. (à)

2. Les épices _____ j'ai fait ce plat, viennent du Maroc. (avec)

3. La route _____ je suis passée, est sinueuse. (par)

4. L'homme _____ il travaille, s'appelle Bruno. (pour)

5. La musique _____ ils s'intéressent, est asiatique. (à)

6. Les chanteurs _____ nous nous trouvions, étaient maliens. (parmi)

7. Les disques _____ elle a dû choisir, étaient tous très bons. (entre)

8. L'ami _____ on a dîné hier soir, est un excellent cuisinier. (chez)

9. J'ai vu le rapport _____ votre entreprise avait fait beaucoup de bénéfices. (selon)

10. L'enfant _____ je parle, est timide. (à)

11. La chaise _____ elle est assise, appartenait à ma grand-mère. (sur)

12. Le danseur _____ vous pensez, est espagnol. (à)

13. L'ordinateur _____ je travaille, est performant. (avec)

14. L'associé _____ je travaille, est toujours à l'heure. (avec)

15. Le magazine _____ elle écrit, est un hebdomadaire. (pour)

16. La vie _____ vous vous êtes habitué, est dure. (à)

17. La princesse _____ le roi a construit le château, est magnifique. (pour)

18. La moto _____ il a fait le tour du monde, est très solide. (avec)

19. La femme _____ il s'est marié l'an passé, est bolivienne. (avec)

20. Le coiffeur _____ je me fais couper les cheveux, est français. (chez)

The relative pronoun **où** often replaces **dans lequel**, **sur lequel**, and **par lequel**.

Compare the following two sentences.

C'est la quincaillerie **dans laquelle** j'ai acheté ces outils.
C'est la quincaillerie **où** j'ai acheté ces outils.
It's the hardware store where I bought these tools.

Both sentences are correct, although the use of **où** is more common in modern language.

Je vais te décrire les pays **par où** je suis passée.
I'll describe to you the countries through which I went.

If the antecedent expresses time, the relative pronoun **où** is used.

Le jour où ils se sont mariés, il pleuvait.
The day (when) they got married, it was raining.

J'ai oublié **l'année où** il est mort.
I forget the year (when) he died.

Le moment où elle a commencé à parler, tout le monde s'est tu.
The moment (when) she started to speak, everyone got quiet.

The relative pronoun **dont** functions as an object and can refer to people or things. It is used mostly to refer to objects of verbs or adjectives that are followed by the preposition **de**.

Il a déjà oublié le livre **dont** j'ai parlé.
He already forgot the book I talked about.

C'est le seul conférencier **dont** il se souvient.
He is the only lecturer he remembers.

C'est un édifice **dont** l'architecte est fier.
It's a building the architect is proud of.

In modern French, **dont** often replaces **duquel**, **de laquelle**, **desquels**, **desquelles**.

La présentatrice **dont** je parle, est canadienne.
The anchorwoman I am talking about is Canadian.

The use of **dont** in the sentence above is more common than the use of **de laquelle** in the sentence below.

La présentatrice **de laquelle** je parle, est canadienne.

Dont is also used to express *whose, of whom, of which*. After **dont**, the word order is subject + verb + object.

Une archéologue **dont** j'ai rencontré la fille à Paris m'a invité en Egypte.
An archeologist whose daughter I met in Paris invited me to go to Egypt.

Elle a des collègues **dont** les enfants ont échoué à leurs examens.
She has colleagues whose children failed their exams.

exercice 14-4

Complete each sentence with the appropriate relative pronoun, **dont** *or* **où**.

1. La ville _____ elle est née, est au Mexique.

2. Voici la femme _____ il est follement amoureux.

3. Je ne connais pas la théorie _____ il parle.

4. Le professeur _____ la femme est une célèbre chimiste, s'appelle M. Benoît.

5. Le jour _____ je l'ai rencontré, il neigeait.

6. Le dictionnaire _____ elle se sert, est bilingue.

7. Le travail _____ vous êtes content, ne satisfait pas votre patron.

8. Le château _____ elle s'approche, date du treizième siècle.

9. Le séisme a eu lieu l'année _____ il était au Japon.

10. Les insectes _____ j'ai peur, ce sont les guêpes.

11. L'île _____ il était gardien de phare, se trouve au large de Brest.

12. L'erreur _____ je me suis aperçu, est assez grave.

13. Les livres _____ on a besoin, sont à la bibliothèque.

14. Les DVD _____ elle a envie, ne sont pas sous-titrés.

15. Le film _____ elle parle, a reçu un prix au festival.

16. La maison _____ ils habitent, est tout en bois.

17. Les outils _____ il se sert, ne sont pas à lui.

18. Dès l'instant _____ je l'ai vu, je savais que nous serions amis.

19. La boulangerie _____ il travaille, est au centre-ville.

20. La jeune fille _____ le sac à dos est jaune, joue très bien au tennis.

If there is no specific antecedent for a relative pronoun to refer to, the antecedent **ce** is added. **Ce qui**, **ce que**, **ce dont**, and **ce à quoi**, all meaning *what*, refer to ideas, not persons, and do not have gender or number. Choosing the correct indefinite relative pronoun depends on the pronoun's function in the sentence (subject, direct object, or object of a preposition).

> Ils ne comprennent pas **ce qui** se passe.
> *They do not understand what's happening.*

> Vous n'aimez pas **ce qu'**il porte.
> *You don't like what he is wearing.*

> Vous vous demandez **ce dont** ils ont besoin.
> *You wonder what they need.*

> Je ne sais pas **à quoi** il s'intéresse.
> *I don't know what he is interested in.*

Commonly, these indefinite relative pronouns are placed at the beginning of a sentence for emphasis. If a verb requires a preposition, it is repeated in the second clause.

> **Ce qui** est difficile, c'est la grammaire.
> *What is difficult is grammar.*

> **Ce que** Marie aime, c'est la mousse au chocolat.
> *What Marie loves is chocolate mousse.*

> **Ce dont** ils ont peur, c'est **d'**un autre ouragan.
> *What they fear is another hurricane.*

> **Ce à quoi** il s'oppose, c'est **à** l'élection de ce candidat.
> *What he is opposed to is this candidate's election.*

---

exercice   14-5

Complete each sentence with **ce qui**, **ce que**, **ce dont**, *or* **ce à quoi**.

1. _____ j'ai vu à l'exposition, était fascinant.

2. _____ nous parlons, c'est de la vie fascinante de Balzac.

3. _____ se passe dans ce pays, est inquiétant.

4. _____ les touristes cherchent, c'est le soleil.

5. _____ je pense, c'est à notre projet.

6. _____ ils s'abonnent, c'est à une revue scientifique.

7. _____ il a le plus besoin, c'est de votre soutien.

8. _____ vous avez envie, c'est d'une nouvelle voiture.

9. _____ je me souviens, c'est de cet incident.

10. _____ il ne s'est jamais habitué, c'est à ce climat glacial.

11. _____ nous aimons le plus chez lui, c'est son sens de l'humour.

12. _____ est cher, c'est le caviar.

13. _____ vous dites, est intéressant.

14. _____ il s'approche lentement, c'est d'une vieille abbaye.

15. _____ est gratuit, c'est l'entrée dans ce musée.

16. _____ il aspire, c'est à la célébrité.

17. _____ est écrit sur le tableau, c'est illisible.

18. _____ les inquiète, c'est l'avenir de leurs enfants.

19. _____ elle aime, c'est la musique classique.

20. _____ lui plaît, me plaît.

exercice   14-6

Translate the following sentences into French, beginning each sentence with **ce qui**, **ce que**, **ce dont**, *or* **ce à quoi**.

1. What I need is a new piano.

   _____

2. What he is interested in is this old castle.

   _____

3. What Yves loves is mint tea.

   _____

4. What I am thinking about is a new strategy.

   _____

5. What I saw in his house was wonderful.

   _____

6. What I remember is her voice.

   _____

7. What you (**vous**) are talking about is fascinating.

   _____

8. What I cannot get used to is the cold weather.

   _____

9. What I am asking for is an answer.

   _____

10. What he is eating is very spicy.

    _____

exercice 14-7

Complete each sentence with the appropriate relative pronoun.

1. L'émission _____ elle écoute est en anglais.

2. Le travail _____ ils font, est fatigant.

3. Le fauteuil dans _____ il est assis, est en velours vert.

4. La route par _____ il est passé, est dangereuse.

5. Le jour _____ je suis arrivé, il faisait un temps superbe.

6. L'autobus _____ elle attend, a une demi-heure de retard.

7. Le médecin chez _____ il était hier, est très gentil.

8. _____ ils ont besoin, c'est de nourriture.

9. J'aime beaucoup l'appartement _____ vous avez acheté.

10. L'ami à _____ vous avez prêté de l'argent, est reconnaissant.

11. Les informations avec _____ il écrit son article, sont pertinentes.

12. Je n'apprécie pas _____ écrit ce journaliste.

13. Les invités pour _____ je fais la cuisine, arriveront à vingt heures.

14. _____ je regrette, c'est son absence à la réunion.

15. Les histoires _____ tu racontes ne sont pas drôles.

16. _____ je ne me souviens plus, c'est de la date de son anniversaire.

17. Avec _____ s'est-il fiancé en mai?

18. _____ elle est fière, c'est du talent de sa fille.

19. _____ est fait, est fait.

20. Le magasin _____ ils font leurs courses, se trouve dans le treizième.

The Relative Pronoun and the Subjunctive

The relative pronouns **qui** and **que** can sometimes be followed by the subjunctive.

If there is a doubt about the existence of someone or the realization of something, the subjunctive may be used after the relative pronoun.

> Je cherche quelqu'un **qui** puisse résoudre ces équations.
> *I am looking for someone who might solve these equations.*

In the example above, there is some doubt that such a person exists.

> Connaîtriez-vous des logiciels **qui** nous permettent d'accroître notre rendement?
> *Would you know of any software that would allow us to increase our output?*

If the antecedent of the relative pronoun **qui** or **que** is a superlative, such as **le plus** (*the most*), **le moins** (*the least*), **le seul** (*the only*), **l'unique** (*the unique*), **le premier** (*the first*), or **le dernier** (*the last*), the subjunctive may be used.

> Vincent est le meilleur pianiste **que** je connaisse.
> *Vincent is the best pianist I know.*

> Venise est la plus belle ville **qu'**elle ait jamais visitée.
> *Venice is the most beautiful city she ever visited.*

> C'est le seul remède **qui** soit contre cette maladie.
> *It's the only remedy to be found for this disease.*

PART II

PREPOSITIONS

A preposition is a liaison word. Invariable, it never changes. No masculine, no feminine. You are already familiar with several French prepositions: **à** (*to, at*), **avec** (*with*), **avant** (*before*), **en** (*in*), and **pour** (*for*).

A preposition may introduce a noun.

> Le chat est **sur** le fauteuil.
> *The cat is on the armchair.*

The preposition **sur** introduces the noun **fauteuil**. Proper names may also be introduced by prepositions.

> Je vais **à** Paris, **en** France.
> *I am going to Paris, in France.*

A preposition may also introduce a verb. Some verbs, in fact, are married to prepositions. Let's consider examples with the prepositions **à** and **de**.

> Chloé m'a aidé **à** déménager.
> *Chloé helped me to move.*

A verb that follows **aider** (*to help*) is introduced by the preposition **à**.

> J'ai oublié **de** leur téléphoner.
> *I forgot to call them.*

The verb **oublier** (*to forget*) is followed by the preposition **de**.

Some verbs, however, are single—they aren't accompanied by a preposition. Others are less faithful—they may take different prepositions and change their meaning in doing so.

> J'ai parlé **à** Joséphine **à** Paris.
> *I talked to Joséphine in Paris.*

> J'ai parlé **de** Joséphine **à** Paris.
> *I talked about Joséphine in Paris.*

If you want to stay out of trouble and avoid confusion, you must learn these prepositions well!

Part II *of Practice Makes Perfect: French Pronouns and Prepositions* will guide you through the different prepositions: four chapters, devoted entirely to prepositions, to help you master this important part of speech with the aid of a wide range of exercises. With repetition, preposition use will become natural for you. When in doubt about one of your answers, check the Answer Key at the back of the book.

These four chapters could change your life in the French-speaking world. Target these prepositions, and enjoy!

Prepositions with Geographical Names

To express *in* or *to* with a geographical name, the preposition varies in French. With cities, the preposition **à** is used.

> Nous sommes **à** Dakar.
> *We are in Dakar.*

> Je vais **à** Paris en mars.
> *I am going to Paris in March.*

Cities are usually not preceded by an article. Some exceptions are **La Nouvelle-Orléans**, **Le Havre**, **La Rochelle**, **Le Mans**, and **Le Caire**.

> Ils vivent **au** Caire depuis dix ans.
> *They have been living in Cairo for 10 years.*

> Il va chaque année **à La** Rochelle.
> *He goes every year to La Rochelle.*

With countries, states, and provinces, the preposition changes according to gender, number, and the initial sound of the word that follows.

en	feminine
en	masculine beginning with a vowel
au	masculine beginning with a consonant
aux	plural

> Elle voyagera **en** Allemagne puis **en** Italie.
> *She'll travel to Germany, then to Italy.*

> Ils ont vécu **en** Iran et **en** Afghanistan.
> *They lived in Iran and in Afghanistan.*

> J'ai travaillé **au** Japon et **au** Brésil.
> *I worked in Japan and Brazil.*

> Irez-vous **aux** États-Unis cet été?
> *Will you go to the United States this summer?*

Continents are feminine in French. Provinces and states ending in **-e** are also feminine, with a few exceptions, like **le Mexique** and **le Cambodge**.

Elle travaille pour MSF (Médecins Sans Frontières) **en** Afrique.
She is working for Doctors Without Borders in Africa.

Le président se rendra **au** Mexique la semaine prochaine.
The president will go to Mexico next week.

exercice	15-1

Complete each sentence with a prepositional phrase, using the appropriate preposition plus the place name in parentheses.

1. Timothée ira _____ en décembre. (la Chine)

2. Léa vit _____ depuis quelques années. (le Mali)

3. Manon prend ses vacances _____. (le Maroc)

4. Patrice a acheté un terrain _____. (le Portugal)

5. Cléo prévoit un voyage _____. (les États-Unis)

6. Raphaël fait des études _____. (la Belgique)

7. Séverine chantera _____ samedi prochain. (Milan)

8. Aimé n'est jamais allé _____. (l'Argentine)

9. Julie rêve de faire un voyage _____. (la Patagonie)

10. Matéo part en mission _____. (le Vietnam)

11. Fatima envoie un paquet à des amis _____. (la Hongrie)

12. Émilie écrit à sa cousine _____. (le Kenya)

13. Anabelle est invitée _____ à un mariage. (Paris)

14. Lionel ne veut pas s'installer _____. (la Sibérie)

15. Zazie a contacté une agence _____. (le Caire)

16. Mélissa enverra ses enfants chez sa sœur _____. (Madrid)

17. Amaury a ouvert une agence _____. (l'Inde)

18. Alix a passé un mois _____. (la Turquie)

19. Olivia s'est arrêtée _____ avant de continuer vers le Vietnam. (le Laos)

20. Kim espère obtenir une bourse d'études _____. (le Canada)

exercice   15-2

Create sentences from the elements below, following the example.

MODÈLE   Karen / Chicago / États-Unis

_____ *Je m'appelle Karen. J'habite à Chicago, aux États-Unis.* _____

1. Christian / Amsterdam / Hollande

_____

2. Paolo / Venise / Italie

_____

3. Phong / Hanoi / Vietnam

_____

4. Laure / Rouen / France

_____

5. Christopher / Londres / Angleterre

_____

6. Maria / Mexico / Mexique

_____

7. Patrick / Bruxelles / Belgique

_____

8. Ahmadou / Abidjan / Côte d'Ivoire

_____

9. Akiko / Tokyo / Japon

_____

10. Cheng / Shanghai / Chine

_____

11. Vladimir / Moscou / Russie

_____

12. Youssef / Marrakech / Maroc

_____

13. Rachida / Alger / Algérie

_____

14. Amin / Alexandrie / Égypte

_____

15. Christina / Varsovie / Pologne

_____

16. Karl / Berlin / Allemagne

_____

17. Jean / Genève / Suisse

_____

18. Hugo / Caracas / Venezuela

_____

19. Pablo / Quito / Équateur

_____

20. Karim / Istanbul / Turquie

_____

With French provinces and departments, the preposition may vary. Before a feminine noun or a masculine noun beginning with a vowel, **en** is used.

la Bourgogne	**en** Bourgogne
la Bretagne	**en** Bretagne
la Charente	**en** Charente
la Provence	**en** Provence
la Touraine	**en** Touraine
l'Anjou	**en** Anjou

However, before a masculine noun beginning with a consonant, **dans le** is often used instead of **au**.

le Languedoc	**dans le** Languedoc
le Midi	**dans le** Midi
le Poitou	**dans le** Poitou

With names of American states, **en** is used before a feminine state name or a masculine state name beginning with a vowel. **Au** is used before a masculine state name beginning with a consonant.

la Californie	**en** Californie
la Caroline du Sud	**en** Caroline du Sud
la Floride	**en** Floride
l'Alabama	**en** Alabama
l'Arizona	**en** Arizona
l'Arkansas	**en** Arkansas
le Colorado	**au** Colorado
le Nevada	**au** Nevada
le Tennessee	**au** Tennessee

One often hears **dans le** or **dans l'État de** with many American states.

le Maine	**dans le** Maine
le New Jersey	**dans le** New Jersey

We sometimes need to differentiate between a city and state that share the same name.

Il est né **à** Washington.
He was born in Washington.

Elle voyage **dans l'État de** Washington.
She is traveling in Washington State.

Le président français se rendra **à** New York.
The French president will go to New York City.

Il prendra quelques jours de vacances **dans l'État de** New York.
He'll take a few days of vacation in New York State.

Although usage may vary, the preposition **à** (**aux** in the plural) is often used for islands.

à Cuba
à Hawaii
à La Réunion
à Madagascar
à Tahiti
aux Maldives
aux Seychelles

Some common exceptions follow.

en Guadeloupe
en Haïti
en Martinique

exercice   15-3

Some people are planning a trip soon. Create sentences from the elements below, following the example.

MODÈLE   Maryse / Caroline du Nord et Virginie

_____Maryse va en Caroline du Nord et en Virginie._____

1. Mon ami Julien / Normandie et Bretagne

_____

2. Nos voisins / Tahiti et Hawaii

_____

3. Ma sœur et mon beau-frère / Montana et Wyoming

_____

4. Corinne / Oregon et Alaska

_____

5. Nous / Alsace et Auvergne

_____

6. Mes amis / Aquitaine et Languedoc

_____

7. Je / Haïti / Guadeloupe

_____

8. Bernard / Lorraine et Champagne

_____

9. Vous / Anjou et Vendée

_____

10. Le camionneur / Californie et Arizona

_____

exercice 15-4

Complete the following sentences, matching the countries in the list with their famous citizens and using the appropriate preposition.

Afrique du Sud	Inde
Allemagne	Italie
Angleterre	Russie
États-Unis	Sénégal
France	Vietnam

1. J'ai rencontré Gustave Flaubert ———————————.

2. J'ai rencontré le Mahatma Gandhi ———————————.

3. J'ai rencontré Léopold Sédar Senghor ———————————.

4. J'ai rencontré Eleanor Roosevelt ———————————.

5. J'ai rencontré Fédor Dostoïevski ———————————.

6. J'ai rencontré Giuseppe Verdi ———————————.

7. J'ai rencontré Nelson Mandela ———————————.

8. J'ai rencontré Hô Chi Minh ———————————.

9. J'ai rencontré Goethe ———————————.

10. J'ai rencontré la reine Victoria ———————————.

Geographical origin is expressed by **de** for continents, feminine singular country names, provinces, regions, and states. For masculine and plural names, the definite article is kept.

> Elle revient **d'**Australie.
> *She is coming back from Australia.*

> Il est originaire **de** Californie.
> *He comes from California.*

> Je reviens tout juste **du** Japon.
> *I am just back from Japan.*

> Il vient **des** Antilles.
> *He comes from the West Indies.*

exercice   15-5

Complete each sentence with a prepositional phrase, using the place name in parentheses.

1. Ces fruits exotiques viennent _____. (l'Inde)

2. Elle est originaire _____. (le Guatemala)

3. Ces vins délicieux sont importés _____. (le Chili)

4. Il est rentré _____ hier soir. (l'Espagne)

5. Cette lettre anonyme provient _____. (la Norvège)

6. La fondue est originaire _____. (la Suisse)

7. Il est natif _____. (le Colorado)

8. Les fromages en provenance _____ seront soumis à un contrôle strict. (la France)

9. Joseph vient _____. (les Antilles)

10. Rapporte-moi un cadeau _____. (le Togo)

exercice   15-6

Complete each sentence with the appropriate country name from the list below, preceded by the appropriate preposition.

Cambodge	Grande-Bretagne
Chine	Grèce
Égypte	Inde
États-Unis	Italie
France	Pérou

1. Le Taj Mahal, c'est _____.

2. La Tour de l'Horloge Big Ben, c'est _____.

3. Le pont des Soupirs, c'est _____.

4. La Grande Muraille, c'est _____.

5. La Tour Eiffel, c'est _____.

6. Le Grand Canyon, c'est _____.

7. Le Machu Picchu, c'est _____.

8. Le Temple de Louxor, c'est _____.

9. L'Acropole, c'est _____.

10. Le Temple d'Angkor Vat, c'est _____.

exercice   15-7

Translate the following sentences into French. For questions, invert the subject and verb.

1. Marc is the owner of a bookstore in Dublin.

   _____

2. She went to Australia last summer.

   _____

3. I came back from Senegal last night.

   _____

4. Léo bought a house in Brazil.

   _____

5. Is he in Tahiti?

   _____

6. This singer has one house in Montana and another in Mexico.

   _____

7. Julie lost her earrings in Spain.

   _____

8. Karim's apartment is in Cairo.

   _____

9. This king has castles in Germany and Austria.

   _____

10. They opened a bakery in Vietnam.

    _____

11. Nabila goes to Provence twice a year.

    _____

12. Théo sent me a postcard from Ireland.

_____

13. Her son found a job in California.

_____

14. In India, food is delicious.

_____

15. They import products from China.

_____

16. She bought this necklace in Morocco.

_____

17. Do you (**vous**) want to go to New York with me next week?

_____

18. Ludovic wants to work in Toulouse.

_____

19. Noémie teaches French in Poland.

_____

20. Let's go to Florida for the weekend!

_____

Common Prepositions

Remember that a preposition is a part of speech that establishes a connection between words or word groups.

> Je me promène **avec** Julien.
> *I am walking with Julien.*

> Ils sont tous venus **sauf** Chloé.
> *They all came except Chloé.*

The prepositions **à** and **de**, when combined with the definite article, take on different forms.

- **à** + **le** = **au**

> Jean et Vincent sont allés **au** cinéma.
> *Jean and Vincent went to the movies.*

- **à** + **la** = **à la**

> Anne est **à la** maison.
> *Anne is at home.*

- **à** + **les** = **aux**

> Elle montre des photos **aux** enfants.
> *She shows pictures to the children.*

- **de** + **le** = **du**

> Je lui ai parlé **du** film.
> *I talked to him about the film.*

- **de** + **la** = **de la**

> Le cheval s'approche **de la** rivière.
> *The horse is moving toward the river.*

- **de** + **les** = **des**

> Il a peur **des** souris.
> *He is afraid of mice.*

The preposition **de** plus a noun can express possession.

> C'est la maison **du** maire.
> *It's the mayor's house.*

J'ai trouvé le portefeuille **de la** cliente sous le comptoir.
I found the client's wallet under the counter.

La voiture **des** voisins est grise.
The neighbors' car is gray.

The following are the most common one-word prepositions. Compound prepositions are discussed in Unit 17.

à	*at, in*
après	*after*
avant	*before*
avec	*with*
chez	*at, with*
contre	*against*
dans	*in*
de	*of, from*
derrière	*behind*
dès	*from*
devant	*in front of*
durant	*during*
en	*in, out of*
entre	*between*
envers	*toward*
hormis	*apart from*
hors	*except, apart from*
malgré	*in spite of*
par	*by, through*
parmi	*among*
pendant	*during*
pour	*for*
sans	*without*
sauf	*except*
selon	*according to*
sous	*under*
suivant	*according to*
sur	*on*
vers	*toward*
vu	*considering, given*

exercice   16-1

Translate the following sentences into French.

1. According to him, Julie is in Madrid. _____

2. We went to the theater with them. _____

3. Mélanie is waiting for him in front of the bakery.

_____

4. Your (**tu**) shoes are under the bed. _____

5. He is walking toward the park. _____

6. The chair is against the wall. _____

7. He arrived after me. _____

8. He went out in spite of the rain. _____

9. Send me the letter before Tuesday! (**vous**) _____

10. The cat sat between us. _____

Some prepositions can have more than one meaning.

Let's start with the essential **chez**.

> Nous avons passé le week-end **chez** Bertrand.
> *We spent the weekend at Bertrand's.*

> Le restaurant **Chez** Benoît est dans le vingtième.
> *The restaurant Chez Benoît is in the twentieth arrondissement.*

> **Chez** Sony, vous trouverez des produits haut de gamme.
> *At Sony, you will find top-of-the-line products.*

> **Chez** Balzac, les descriptions sont merveilleusement détaillées.
> *With Balzac, the descriptions are detailed in a wonderful way.*

> **Chez** cet enfant, tout est obsessionnel.
> *With this child, everything is obsessive.*

The preposition *with* presents a number of translation problems. Let's look at a few examples—the easy ones first.

> J'irai à Miami **avec** Etienne.
> *I'll go to Miami with Etienne.*

> Elle voyage toujours **avec** son chat.
> *She always travels with her cat.*

To refer to an attribute or feature of a person or thing, *with* is translated by **à** + the definite article.

> L'homme **aux** yeux verts est acteur.
> *The man with green eyes is an actor.*

> La jeune fille **au** blouson de cuir est sa nièce.
> *The young woman with the leather jacket is his niece.*

> Le coffre **aux** poignées incrustées de pierres précieuses est à elle.
> *The chest with handles inlaid with precious stones is hers.*

To describe how to do something, *with* is translated by **de**.

> Je l'ai remercié **d'**un sourire.
> *I thanked him with a smile.*

Il a quitté la salle **d'**un air triste.
He left the room with a sad look.

D'un geste, elle lui indiqua la porte.
With a gesture, she showed him the door.

The preposition *with* is left untranslated when describing a way of doing things or carrying oneself.

Il avance vers eux, **les** manches retroussées.
He is walking toward them with his sleeves rolled up.

Elle le regarde, **les** yeux écarquillés.
She is looking at him with wide eyes.

Some adjectives followed by *with* in English take **de** in French.

Il est satisfait **de** son sort.
He is happy with his lot.

Elle est contente **de** son nouvel emploi.
She is happy with her new job.

exercice   16-2

Complete each sentence with the appropriate preposition.

1. J'achète une baguette _____ le boulanger.

2. Le sculpteur regarde le buste _____ un air satisfait.

3. Elle ira en vacances dans le Midi, toute seule, _____ Marc.

4. _____ Baudelaire, tout est poésie.

5. Claude a pris rendez-vous _____ le médecin.

6. L'homme _____ chapeau gris, est professeur d'histoire.

7. Hier soir, nous avons dîné _____ Maxime.

8. _____ Verdi, tout est harmonie.

9. Elle voyagera _____ son mari en Amazonie.

10. L'enfant _____ cheveux noirs s'appelle Lucas.

The preposition **sur** presents different problems. It is not always translated by *on* in English.

L'ordinateur est **sur** le bureau.
The computer is on the desk.

Son appartement donne **sur** le Panthéon.
His apartment looks out on the Pantheon.

La villa donne **sur** la mer.
The villa faces the ocean.

Il a quinze mille euros **sur** son compte.
He has 15,000 euros in his account.

Elle n'a pas d'argent **sur** elle.
She doesn't have any money on/with her.

La cuisine fait deux mètres **sur** trois.
The kitchen measures two by three meters.

Il travaille quatre jours **sur** sept.
He works four days out of seven.

Elle a une chance **sur** deux de réussir.
She has one chance out of two to succeed.

Ce supermarché est ouvert vingt-quatre heures **sur** vingt-quatre.
This supermarket is open twenty-four hours a day.

As you can see, **sur** is not always translated by *on* in English. And as the following examples show, *on* is not always translated by **sur**.

Ils se promènent **dans** la rue.
They are walking on the street.

Ils vont au théâtre **le** jeudi.
They go to the theater on Thursdays.

Son bureau se trouve **au** quatrième étage.
Her office is on the fourth floor.

Elle habite **au** dernier étage.
She lives on the top floor.

Le Louvre est **à** votre gauche.
The Louvre is on your left.

When expressing time, **en** and **dans** have different uses. **Dans** is used for an action about to begin.

Le train part **dans** trois minutes.
The train is leaving in three minutes.

Je reviens **dans** cinq minutes.
I'll be back in five minutes.

En indicates the length of time an action has taken, takes, or will take.

Ahmadou a couru le marathon **en** moins de quatre heures.
Ahmadou ran the marathon in less than four hours.

Cet enfant peut lire un livre **en** quelques heures.
This child can read a book within a few hours.

Elle pourra accomplir cette tâche **en** deux heures.
She will be able to accomplish this task in two hours.

exercice   16-3

Complete each sentence with the appropriate preposition.

1. Ma chambre d'hôtel donne _____ la Seine.

2. Cet ouvrier travaille cinq jours _____ sept.

3. Nous partons pour Bali _____ quelques jours.

4. Il suit un cours d'informatique _____ mercredi.

5. Rappelez-moi _____ cinq minutes!

6. Henri a trouvé un trousseau de clés _____ la rue.

7. Dépose mille euros _____ son compte avant lundi.

8. Mon frère n'a jamais un centime _____ lui.

9. D'ordinaire, il peut traduire un texte de ce genre _____ une semaine.

10. Élodie habite _____ troisième étage.

In referring to time, **à** is used for hours of the day and **en** is used for months, years, and seasons, except for *spring*.

> Les participants sont arrivés **à** midi.
> *The participants arrived at noon.*

> La réunion commencera **à** quinze heures.
> *The meeting will start at 3 P.M.*

> Sartre est né **en** 1905.
> *Sartre was born in 1905.*

> La guerre d'Indochine a pris fin **en** 1954.
> *The Indochina war ended in 1954.*

> Il fait froid **en** hiver.
> *It's cold in winter.*

> Victor prend ses vacances **en** été.
> *Victor takes his vacation in summer.*

> Elle va toujours à Venise **au** printemps.
> *She always goes to Venice in spring.*

To express means of transportation, different prepositions are used.

aller à bicyclette / à/en vélo	*to go by bicycle*
aller à cheval	*to ride*
aller à pied	*to walk, go on foot*
aller en autobus	*to go by bus*

aller en autocar	*to go by bus (intercity)*
aller en avion	*to go by plane*
aller en bateau	*to go by boat*
aller en métro	*to go by subway*
aller en péniche	*to go by barge*
aller en train	*to go by train*
aller en voiture	*to drive, go by car*

Quentin va au bureau **à** pied.
Quentin walks to work.

Valérie va au travail **à** bicyclette.
Valérie bikes to work.

Ils vont à la campagne **en** voiture.
They drive to the country.

Note the difference between **en** and **dans** in distinguishing between general and specific.

À Paris, je circule **en** métro.
In Paris, I travel by subway.

Hier j'ai vu Arnaud **dans** le métro.
Yesterday I saw Arnaud in the subway.

Elle aime voyager **en** avion.
She likes to fly.

Dans l'avion, il y avait une équipe de basketteurs.
In the plane, there was a basketball team.

Vladimir vit **en** Russie.
Vladimir lives in Russia.

Dans la Russie des tsars, la vie était différente.
In czarist Russia, life was different.

exercice 16-4

Complete each sentence with the appropriate preposition.

1. Elle rentre chez elle _____ pied.

2. Ils préfèrent aller à Amsterdam _____ printemps.

3. La Révolution française a eu lieu _____ 1789.

4. Elle est rentrée _____ minuit.

5. Ce sera plus rapide d'y aller _____ métro.

6. Il neige souvent _____ hiver.

7. Lucie ignore _____ quelle heure commence la réunion.

8. Louis XIV est mort _____ 1715.

9. À Amsterdam, on se balade partout _____ bicyclette.

10. Je ne veux pas y aller _____ voiture. Il y a trop de circulation.

The preposition **à** can denote nature, function, or purpose.

un gâteau **aux** noisettes	*a hazelnut pie*
une glace **à la** framboise	*a strawberry ice cream*
une machine **à** coudre	*a sewing machine*
une machine **à** écrire	*a typewriter*
une machine **à** laver	*a washing machine*
une machine **à** sous	*a slot machine*
un métier **à** tisser	*a loom*
un moulin **à** café	*a coffee mill*
un moulin **à** paroles	*a chatterbox*
un moulin **à** poivre	*a pepper mill*
un moulin **à** vent	*a windmill*
une mousse **au** chocolat	*a chocolate mousse*
une tasse **à** thé	*a tea cup*
un verre **à** eau	*a water glass*
un verre **à** vin	*a wine glass*
un verre **à** whisky	*a whisky glass*

Michel préfère la glace **à la** vanille.
Michel prefers vanilla ice cream.

Ses verres **à** vin sont ébréchés.
His wine glasses are chipped.

The preposition **de** can denote contents or composition.

une boîte **de** petits pois	*a can of peas*
un bol **de** soupe	*a bowl of soup*
une poignée **de** cerises	*a handful of cherries*
une tasse **de** thé	*a cup of tea*
un verre **d'**eau	*a glass of water*
un verre **de** vin	*a glass of wine*

Il n'avait qu'une boîte **de** haricots verts.
He only had one can of string beans.

Elle nous a offert une tasse **de** thé.
She gave us a cup of tea.

exercice 16-5

Translate the following sentences into French. For questions, invert the subject and verb.

1. They'll leave for Ireland in a few days.

   _____

2. With this little boy, everything is pathological.

   _____

3. What do you (**vous**) do on Sundays?

   _____

4. The woman with the straw hat is a famous actress.

   _____

5. He loves chocolate ice cream.

   _____

6. They opened a good bottle of wine for her birthday.

   _____

7. According to him, Carole is in Hawaii.

   _____

8. We saw many windmills in Holland.

   _____

9. Please give me a cup of tea. (**tu**)

   _____

10. Let's go to Aunt Sophie's this afternoon!

    _____

11. Simone de Beauvoir died in 1986.

    _____

12. Do you (**vous**) have a room facing the Seine?

    _____

13. I walk to work every day.

    _____

14. Their office is on the tenth floor.

_____

15. She looked at him with an air of perplexity.

_____

16. The castle faced the ocean.

_____

17. Julie only works three days out of seven.

_____

18. At what time does the meeting start?

_____

19. The writer wrote this chapter in two weeks.

_____

20. How much money do you (**tu**) have in your account in France?

_____

Unit 17

Compound Prepositions

Compound prepositions are prepositions made up of two or three words. Here's a list of the most common of these prepositions. There is no mystery about them—you just have to memorize them one by one.

à cause de	*because of*
à côté de	*beside, next to*
à défaut de	*for lack of*
à force de	*by dint of*
à l'égard de	*toward, with regard to*
à l'exception de	*except for*
à l'instar de	*following the example of*
à l'insu de	*without (somebody)'s knowing*
à la faveur de	*thanks to, owing to*
à la merci de	*at the mercy of*
à même	*straight from, next to*
à même de	*in a position to (do something)*
à partir de	*from*
à raison de	*at the rate of, on the basis of*
à travers	*across, through*
au bas de	*at the bottom of, at the foot of*
au bord de	*by, on the verge of, on the brink of*
au coin de	*at the corner of*
au lieu de	*instead of*
au milieu de	*in the middle of*
au moyen de	*by means of*
au nord de	*north of*
au prix de	*at the cost of*
au sud de	*south of*
au-dehors de	*outside*
au-delà de	*beyond*
au-dessous de	*under, below*
au-dessus de	*above, on top of*
auprès de	*next to, with*
autour de	*around*
aux alentours de	*in the vicinity of*
aux dépens de	*at the expense of*
aux environs de	*in the vicinity of*

d'après	*according to*
de façon à	*so as to*
de peur de	*for fear of*
en bas	*downstairs*
en bas de	*at the bottom of*
en comparaison de	*in comparison with*
en dépit de	*despite*
en face de	*in front of, opposite*
en guise de	*by way of*
en haut de	*at/to the top of*
en raison de	*because of, owing to*
en-dehors de	*outside, apart from*
face à	*against, faced with*
faute de	*for lack of, for want of*
grâce à	*thanks to*
le long de	*along*
loin de	*far from*
lors de	*at the time of, during*
par rapport à	*in comparison with, in relation to, with regard to*
près de	*close to*
quant à	*as for, as to*
quitte à	*even if it means*
vis-à-vis de	*next to, against*

Elle était assise **à côté de** moi.
She was sitting next to me.

À force de chercher, on finira bien par trouver une solution.
If we keep on looking, we'll end up finding a solution.

À force de répéter ces poèmes, tu les sauras par cœur.
By repeating these poems, you'll know them by heart.

Marie a téléphoné à mon client **à mon insu**.
Marie called my client without my knowing.

Lors de son discours, le président a abordé les problèmes économiques.
During his speech, the president discussed the economic problems.

Quant à moi, je pense qu'il est fou.
As far as I am concerned, I think he is crazy.

Il n'ira pas à la réunion **quitte à** perdre son travail.
He won't go to the meeting even if it means losing his job.

---

exercice   **17-1**

Translate the following sentences into French.

1. Armelle arrived in the middle of the night.

2. According to them, she works in Strasbourg.

_____

3. They live far from Paris.

_____

4. Following his mother's example, he became a singer.

_____

5. I left the suitcases downstairs.

_____

6. She became famous in spite of herself.

_____

7. As for me, I have no plans for this summer.

_____

8. For lack of money, he stayed home.

_____

9. He is at our mercy.

_____

10. They accepted for fear of disappointing them.

_____

11. Faced with such problems, he does not know how to react.

_____

12. Sign at the bottom of this page. (**vous**)

_____

13. Instead of wasting even more time, call her! (**tu**)

_____

14. He organized a trip in Argentina without his parents knowing.

_____

15. He learned this at his own expense.

_____

16. The rate of the dollar is lower in comparison with last year.

_____

17. I can see her through the window.

_____

18. This town has changed a lot through the centuries.

_____

19. Carmen likes to walk along the river.

_____

20. He gave me these flowers by way of thanks.

_____

exercice   17-2

Complete each sentence with the appropriate compound preposition.

1. Il est devenu architecte _____ son père.

2. Tu réussiras à tes examens _____ travailler.

3. Hughes est monté _____ la Tour Eiffel.

4. Mes voisins passent leurs vacances _____ la mer.

5. _____ les experts, la situation s'améliore peu à peu.

6. Il n'a pas acheté de voiture neuve _____ argent.

7. _____ toujours lui offrir des fleurs, offre-lui des chocolats!

8. Ton programme favori recommencera _____ la semaine prochaine.

9. Gérard a organisé une surprise-party _____ son copain Yves.

10. Impossible d'aller dans cette ville, c'est trop _____ chez nous.

Some compound prepositions with similar meanings have subtle nuances that distinguish them. **Grâce à** is positive, **à cause de** is negative, and **en raison de** is more neutral.

Christian a réussi à son examen **grâce à** toi.
Christian passed his exam thanks to you.

Xavier a perdu son travail **à cause de** toi.
Xavier lost his job because of you.

Le pique-nique a été annulé **en raison de** la pluie.
The picnic was cancelled because of the rain.

À même is an interesting preposition.

> Ne bois pas **à même** la bouteille!
> *Don't drink straight from the bottle!*

> Elle porte toujours ses pulls **à même** la peau.
> *She always wears her sweaters next to her skin.*

> Le sans-abri dormait **à même** le sol.
> *The homeless man was sleeping on the bare ground.*

À même de followed by a verb means *in a position to (do something)*.

> Je ne suis pas **à même de** vous aider.
> *I am not in a position to help you.*

> Il n'est pas **à même de** juger vos actes.
> *He is not in a position to judge your actions.*

Fleur is often encountered as a noun, but it is also used in the compound preposition **à fleur de**.

> Il a les nerfs **à fleur de** peau.
> *He is a bundle of nerves.*

> Elle a une sensibilité **à fleur de** peau.
> *She's very touchy.*

> L'écueil est **à fleur d'**eau.
> *The reef is just above the water.*

exercice 17-3

Complete each sentence with the appropriate compound preposition.

1. Ce jury n'est pas _____ juger le suspect.

2. Tout ce malheur est arrivé _____ sa stupidité.

3. Il est arrivé à l'heure _____ l'aide d'un mécanicien compétent.

4. Vous avez remercié le médecin. Vous vous sentez mieux _____ lui.

5. Le tarif est moins cher _____ jeune âge.

6. Les spectateurs étaient assis sur des coussins _____ la scène.

7. Seriez-vous _____ me donner quelques conseils?

8. Tout va mal _____ toi!

9. Les enfants n'iront pas à l'école _____ une éventuelle tempête de neige.

10. Il boit le jus d'orange _____ la bouteille.

Prepositions with Verbs

What could be the greatest dream of a student of French? Wiping out in one stroke all prepositions! In most languages, English included, prepositions constitute the most difficult part of speech, since their usage seems totally arbitrary at times.

Some French verbs don't need a preposition, while their English counterparts require one.

> Ils sont entrés.
> *They walked **in**.*

> Elle était sur le point d'abandonner lorsque quelque
>   chose se produisit.
> *She was on the verge of giving **up** when something happened.*

It is important to remember that some very common French verbs are not followed by prepositions.

adorer	*to love*
aimer	*to like, love*
aller	*to go*
avouer	*to admit, confess*
compter	*to intend, plan*
croire	*to believe*
désirer	*to desire, wish*
détester	*to hate*
devoir	*must, to have to*
espérer	*to hope*
faire	*to do, make*
laisser	*to let*
oser	*to dare*
pouvoir	*can, to be able*
préférer	*to prefer*
savoir	*to know (how)*
sembler	*to seem*
souhaiter	*to wish*
vouloir	*to want*

> Les Verneuil **aiment** écouter du jazz.
> *The Verneuils love to listen to jazz.*

Jean **espère** faire le tour du monde avec Mathilde.
Jean hopes to go around the world with Mathilde.

In these examples, the subject of the first verb is the same as the subject of the second verb; that's why the infinitive form is used for the second. When the subjects are different, a dependent clause introduced by **que** is needed. Compare the following examples.

Soraya préfère **emmener** Louis au Musée d'Histoire naturelle.
Soraya prefers to take Louis to the Museum of Natural History.

Soraya préfère **que tu emmènes** Louis au Musée d'Histoire naturelle.
Soraya prefers you to take Louis to the Museum of Natural History.

If the infinitive clause is in the negative, the negation stays joined before the infinitive.

J'avoue **ne pas comprendre** ta décision.
I admit I do not understand your decision.

Nous préférons **ne jamais avoir** ce genre de problème.
We hope never to have this kind of problem.

Now, let's look at verbs that *do* need prepositions. Many French verbs are followed by the preposition **à** when they precede an infinitive. Here's a list of common verbs of this type.

s'accoutumer à	*to get accustomed to*
aider à	*to help*
s'amuser à	*to enjoy*
apprendre à	*to learn, show how*
arriver à	*to manage*
aspirer à	*to aspire*
s'attendre à	*to expect*
chercher à	*to try, attempt*
commencer à	*to start*
consentir à	*to agree, consent*
continuer à	*to continue, to keep on*
se décider à	*to make up one's mind*
encourager à	*to encourage*
faire attention à	*to pay attention*
s'habituer à	*to get used to*
hésiter à	*to hesitate*
s'intéresser à	*to get interested in*
inviter à	*to invite*
se mettre à	*to start, begin*
parvenir à	*to manage*
préparer à	*to get ready*
renoncer à	*to give up*
se résigner à	*to resign oneself*
réussir à	*to succeed*
tenir à	*to insist, be eager*
viser à	*to aim at*

Son ami lui **a appris à** jouer de la flûte.
Her friend showed her how to play the flute.

Antoine n'est pas **arrivé à** résoudre le problème.
Antoine did not manage to solve the problem.

Tout à coup il **s'est mis** à pleuvoir.
Suddenly it started to rain.

Now that you have memorized some of the **à** verbs, let's look at some verbs followed by the preposition **de** when they precede an infinitive.

accepter de	*to accept, agree to*
accuser de	*to accuse*
s'arrêter de	*to stop*
avoir besoin de	*to need to*
avoir envie de	*to feel like*
avoir l'intention de	*to intend to*
avoir peur de	*to be afraid of*
cesser de	*to stop, cease*
choisir de	*to choose*
conseiller de	*to advise*
convaincre de	*to convince*
craindre de	*to fear*
défendre de	*to forbid*
demander de	*to ask*
se dépêcher de	*to hurry*
s'efforcer de	*to try hard*
empêcher de	*to prevent*
s'empêcher de	*to refrain from*
envisager de	*to contemplate*
essayer de	*to try*
éviter de	*to avoid*
s'excuser de	*to apologize*
faire semblant de	*to pretend*
feindre de	*to feign, pretend*
finir de	*to finish, end*
interdire de	*to forbid*
menacer de	*to threaten*
mériter de	*to deserve*
offrir de	*to offer*
oublier de	*to forget*
permettre de	*to allow, permit*
persuader de	*to persuade, convince*
se plaindre de	*to complaint*
projeter de	*to plan*
promettre de	*to promise*
refuser de	*to refuse*
regretter de	*to regret*
remercier de	*to thank*
reprocher de	*to reproach*
soupçonner de	*to suspect*
se souvenir de	*to remember*

Le maire **a accepté de** lui parler.
The mayor agreed to talk to him.

Il nous **conseille d'**acheter ces actions.
He is advising us to buy these stocks.

Ce bruit m'**empêche de** travailler.
This noise prevents me from working.

Claude **a promis de** lui envoyer une carte postale du Caire.
Claude promised to send her a postcard from Cairo.

exercice 18-1

Complete each sentence with the appropriate preposition. If no preposition is required, mark an **X.**

1. N'oublie pas _____ acheter le journal.

2. Théo a peur _____ vexer son frère.

3. Le reporter n'a pas réussi _____ joindre le ministre.

4. Aide-moi _____ descendre les bagages.

5. Mon collègue se plaint _____ avoir trop de travail.

6. Je tiens _____ te remercier de ta gentillesse.

7. Tu devrais l'encourager _____ apprendre une langue étrangère.

8. Il a besoin _____ s'arrêter à la station-service.

9. Il a accepté _____ déménager dans le Sud-Ouest.

10. Laurent aime _____ faire de l'équitation.

11. Les enfants ne pouvaient pas s'empêcher _____ rire.

12. Thomas a essayé _____ te contacter.

13. Ce jeune footballeur s'attend _____ faire fortune.

14. Frank faisait semblant _____ dormir.

15. Sophie déteste _____ faire la cuisine.

16. Le propriétaire menace _____ les expulser.

17. Il a cessé _____ fumer il y a plus d'un an.

18. Je n'ose pas _____ vous dire la vérité.

19. Le directeur leur a défendu _____ parler du nouveau projet.

20. Nous n'avons pas réussi à la convaincre _____ aller au cirque avec nous.

exercice   18-2

Translate the following sentences into French, using a preposition where necessary. For questions, use the **est-ce que** *form.*

1. He is afraid of speaking in public.

   _____

2. Manon is contemplating buying a house in Italy.

   _____

3. Didier pretended he was sleeping.

   _____

4. They prevented him from talking.

   _____

5. We are expecting his visit.

   _____

6. She refused to dance with him.

   _____

7. He avoided giving them the exact answer.

   _____

8. Mia is learning to play the piano.

   _____

9. My neighbor is planning to go to Europe next summer.

   _____

10. They hope to receive an answer.

    _____

11. The policeman threatened to arrest him.

    _____

12. She intends to find a job in Berlin.

    _____

13. Paola convinced him to go to Peru.

    _____

14. She forgot to buy some milk.

_____

15. He insists on talking to you (**vous**) today.

_____

16. Céline is getting used to working with this team.

_____

17. The technician helped me fix the machine.

_____

18. What do you (**tu**) feel like eating tonight?

_____

19. Samuel does not like to cook.

_____

20. Try to help him! (**vous**)

_____

Avant and *après*

- **Avant de** (*before*) is followed by the present infinitive.

    Fabien met son manteau **avant de sortir**.
    Fabien puts his coat on before going out.

    Blaise relit ses notes **avant de prononcer** son discours.
    Blaise reads his notes over before making his speech.

- **Après** (*after*) is followed by the past infinitive, which is formed with **avoir** or **être** plus the past participle of the verb.

    Céleste a rendu visite à sa grand-mère **après avoir fini** son projet.
    Céleste visited her grandmother after finishing her project.

    Maxime s'est reposé **après avoir repeint** sa cuisine.
    Maxime rested after painting his kitchen.

    Lola a repris ses activités **après être rentrée** de vacances.
    Lola resumed her activities after returning from vacation.

    Agnès et Henri étaient fatigués **après s'être promenés** toute la journée
        dans les rues de Paris.
    Agnès and Henri were tired after having walked around Paris all day.

exercice   18-3

Rewrite each sentence, replacing **avant de** + present infinitive *with* **après** + past infinitive.

1. Tu réfléchis avant de lui téléphoner.

    _____

2. Nous allons au cinéma avant de dîner.

    _____

3. Je réfléchis avant de leur donner une réponse.

    _____

4. Tu lis le guide avant d'arriver à destination.

    _____

5. Georges pose une question avant de regarder le menu.

    _____

6. Prends des vacances avant de finir ton projet!

    _____

7. Le décorateur choisit des meubles avant de rencontrer son client.

    _____

8. Zoé commence à parler avant de dire bonjour à tout le monde.

    _____

9. Léo se lave les cheveux avant de se raser.

    _____

10. Hughes accepte l'invitation avant de rencontrer Fanny.

    _____

The past infinitive may also be used after certain verbs to indicate a prior action or event.

> Armand m'**a remercié de** lui avoir envoyé des photos.
> *Armand thanked me for having sent him some pictures.*

> Jacques ne se **souvient pas de** l'avoir rencontrée à Paris.
> *Jacques does not remember having met her in Paris.*

> Le chef d'orchestre **s'excuse d'**avoir oublié une répétition.
> *The conductor apologizes for having forgotten a rehearsal.*

Just a Reminder

As we have seen in the previous units on object pronouns, some French verbs take a direct object while their English counterparts take an indirect object, and vice versa.

First, let's look at verbs that have a direct object in French, but an indirect object in English.

> Il **cherche** ses amis dans la foule.
> *He is looking for his friends in the crowd.*

> Elle **écoute** un programme littéraire à la radio.
> *She is listening to a literary program on the radio.*

> Nous **regardons** la façade de l'édifice.
> *We are looking at the building's facade.*

And now, the opposite: verbs that have an indirect object in French, but a direct object in English.

> Elle **répond à** la lettre.
> *She answers the letter.*

> L'enfant **obéit à** sa mère.
> *The child obeys his mother.*

> Le directeur **permet à** ses employés de partir plus tôt.
> *The director allows his employees to leave early.*

> Yves a **demandé à** son cousin de l'aider à déménager.
> *Yves asked his cousin to help him move.*

A Potpourri of Verbs

Remember that some French verbs can be used with no preposition (just followed by a direct object) or can be followed by different prepositions. Let's look at a few examples.

commencer

> Il **a commencé** un nouveau chapitre.
> *He started a new chapter.*

> Il **a commencé à** neiger à midi.
> *It started to snow at noon.*

> Elle **a commencé par** lire un poème.
> *She started by reading a poem.*

croire

> Je te **crois**.
> *I believe you.*

> La police **croit** sa version de l'histoire.
> *The police believe his version of the story.*

Maryse **croit à la** magie.
She believes in magic.

Henri **croit au** progrès.
He believes in progress.

Caroline **croit en** Dieu.
Caroline believes in God.

Je **crois en** toi, mon fils.
I have confidence in you, my son.

Je **crois** pouvoir vous aider.
I think I can help you.

Elle **croit** avoir perdu son sac.
She thinks she lost her bag.

décider

Il n'**a** rien **décidé**.
He has not decided anything.

Ils **ont décidé de** faire la grève.
They decided to go on strike.

Après avoir longuement réfléchi, elle **s'est décidée à** lui dire la vérité.
After thinking a long time, she finally decide to tell him the truth.

demander

Elle va lui **demander** une augmentation.
She is going to ask him for a raise.

Je lui **ai demandé de** fermer la porte.
I asked him to close the door.

L'accusé **demande à** être entendu.
The accused is asking to be heard.

Elle **a demandé à** partir plus tôt.
She asked permission to leave early.

finir

L'écrivain **a fini** son roman.
The writer has finished his novel.

Tu n'**as** pas **fini de** te disputer avec ton frère?
Haven't you finished fighting with your brother?

Après des années d'hésitation, il **a fini par** démissionner.
After years of hesitation, he finally resigned.

jouer

Il faut **jouer** le jeu.
You've got to play the game.

Karina **joue au** tennis.
Karina plays tennis.

Ils **jouent aux** échecs le vendredi.
They play chess on Fridays.

Ils **jouent au** chat et **à la** souris.
They are playing cat and mouse.

Noéline aime **jouer du** saxophone.
Noéline loves to play the saxophone.

Nadir **joue de la** clarinette au Caveau de la Huchette.
Nadir plays the clarinet at the Caveau de la Huchette.

Le petit Maxime voudrait **jouer des** cymbales.
Little Maxime would love to play the cymbals.

manquer

Guillaume **a manqué** deux réunions.
Guillaume missed two meetings.

Florence **a manqué** le début du film.
Florence missed the beginning of the film.

Ce plat **manque de** goût.
This dish has no taste.

Raoul **manque d'**imagination.
Raoul lacks imagination.

Ces enfants ne **manquent de** rien.
These children lack nothing.

Fiona **a manqué à** sa promesse.
Fiona failed to keep her word.

Lucas **a manqué à** tous ses devoirs.
Lucas neglected all of his duties.

Lisa lui **manque**.
He misses Lisa.

Venise me **manque**.
I miss Venice.

Est-ce que ton ancien quartier te **manque**?
Do you miss your former neighborhood?

parler

Voulez-vous **leur parler**?
Do you want to talk to them?

Jérôme **parle à** son avocat.
Jérôme is talking to his lawyer.

Clément **parle de** ses ennuis au travail.
Clément is talking about his problems at work.

De quoi **avez-vous parlé** hier soir?
What did you talk about last night?

rêver

>Arthur **rêvait à** un avenir meilleur.
>*Arthur was dreaming of better days.*

>J'ai **rêvé de** toi la nuit dernière.
>*I dreamt about you last night.*

tenir

>Irène **tient à** ses chats.
>*Irène is attached to her cats.*

>Karen **tient à** ses amis à Paris.
>*Karen is attached to her friends in Paris.*

>Fabien **tient à** vous revoir.
>*Fabien is eager to see you again.*

>Ce bébé **tient de** son père.
>*This baby looks like his father.*

>Aurélie **tient de** sa mère.
>*Aurélie takes after her mother.*

And *la cerise sur le gâteau* (the Icing on the Cake) . . .

Six very common French verbs change their meaning, depending on whether they are followed by a preposition or not. But that's not all. In a compound tense (the passé composé, for instance), the verb followed by a direct object takes **avoir** for its auxiliary, whereas the verb followed by a preposition takes **être**.

monter

>Grégory **monte** les valises au premier étage.
>*Grégory takes the suitcase up to the first floor.*

>Il **monte en haut de** la Tour Montparnasse.
>*He goes up the Montparnasse Tower.*

descendre

>Nicolas **descend** les bouteilles à la cave.
>*Nicolas takes the bottles down to the cellar.*

>Anne-Lise **descend par** le téléphérique.
>*Anne-Lise takes the cable car down.*

passer

>Delphine **passe** ses vacances en Norvège.
>*Delphine spends her vacation in Norway.*

>Justin **passe devant** la mairie tous les matins.
>*Justin passes the town hall every morning.*

rentrer

>Rémi **rentre** les vaches dans l'étable.
>*Rémi brings the cows into the barn.*

Emmanuel **rentrera de** son voyage dans quelques jours.
Emmanuel will come back from his trip in a few days.

sortir

Nous **sortons** les plantes sur le balcon.
We take the plants out on the balcony.

Rose **sort avec** Julien depuis quelques mois.
Rose has been going out with Julien for a few months.

retourner

Le chef **retourne** la crêpe.
The chef flips the crepe.

L'enfant **retourne** bientôt **à** l'école.
The child is soon going back to school.

Now, let's look at these six verbs followed by a direct object and using **avoir** in the passé composé.

Roland **a monté** sa propre entreprise.
Roland started his own business.

José **a descendu** la rivière en kayak.
José went down the river by kayak.

Béatrice **a passé** son examen hier.
Béatrice took her exam yesterday.

Louis **a rentré** sa bicyclette dans la maison.
Louis put his bicycle away in the house.

Les enfants **ont sorti** leurs jouets dans le jardin.
The children took their toys out in the garden.

Yvon **a retourné** l'omelette.
Yvon flipped the omelette.

Compare the preceding examples with the same verbs followed by a preposition and taking **être** in the passé composé.

Rémi **est monté jusqu'au** dixième étage à pied.
Rémi walked up to the tenth floor.

Yannick **est descendu au** rez-de-chaussée pour parler au concierge.
Yannick went down to the main floor to talk to the concierge.

Éric **est passé par** Dijon pour aller à Macon.
Éric went through Dijon to go to Macon.

Flora et Aubin **sont rentrés de** leur promenade très fatigués.
Flora and Aubin came home from their walk very tired.

Brice **est sorti de** la maison en courant.
Brice ran out of the house.

Iara **est retournée en Tunisie** pour la troisième fois cet hiver.
Iara went back to Tunisia for the third time this winter.

exercice   **18-4**

Complete each sentence with the appropriate preposition. If no preposition is required, mark an **X**.

1. Sarah joue _____ violon à merveille.

2. Il est interdit _____ fumer dans ce bâtiment.

3. Dépêchez-vous! Il commence _____ pleuvoir.

4. Célie m'a remercié _____ l'avoir aidée à déménager.

5. Roméo a rêvé _____ Juliette.

6. Adrien a parlé _____ ses problèmes avec son avocat.

7. Elisa se maquille avant _____ monter sur scène.

8. Où as-tu appris _____ piloter un avion?

9. Hugo a commencé _____ présenter Germain puis il a présenté les autres membres
du panel.

10. Jonas joue _____ volley-ball le mercredi.

11. Sa tante croit _____ astrologie.

12. Ana a envie _____ faire un voyage en Nouvelle-Calédonie.

13. Ambre cherche _____ un appartement à Lille.

14. Astrid tient _____ bijoux de sa grand-mère.

15. Ce chien n'obéit _____ personne.

16. Camille a refusé _____ lui donner notre adresse.

17. Max est passé _____ Rennes pour aller à Brest.

18. Après toutes ces années, elle s'est décidée _____ épouser Hughes.

19. Cette soupe est fade. Elle manque _____ épices.

20. La fille d'Éloïse tient _____ sa grand-mère. Elle a les mêmes yeux gris clair.

exercice 18-5

Translate the following sentences into French.

1. She hates being late.

   _____

2. He is afraid of driving at night.

   _____

3. This dish lacks salt.

   _____

4. Her uncle believes in this new scientific theory.

   _____

5. She is attached to these old postcards of Paris.

   _____

6. I miss my friend Chloé.

   _____

7. Look at the stars! (**vous**)

   _____

8. The absent-minded conductor is looking for his baton.

   _____

9. You (**vous**) must invite them.

   _____

10. They agreed to come.

    _____

11. He is learning how to drive.

    _____

12. I am getting used to working late.

    _____

13. I remember having sent this message.

    _____

14. The minister will not hesitate to make unpopular decisions.

_____

15. She gave up trying to understand the situation.

_____

16. He plays the tuba.

_____

17. She finally made up her mind.

_____

18. She called her friend Julie before going out.

_____

19. I asked a question after looking at the menu.

_____

20. I feel like going to the beach.

_____

exercice   18-6

For some odd reason, most of the prepositions have disappeared from the following text. Fill in the missing prepositions. If no preposition is required, mark an **X**.

Arnaud s'intéresse _____ la politique. Il commence _____ lire le journal tôt le matin. Il s'attend

toujours _____ trouver des incohérences. Il espère _____ trouver des fautes avant même _____

avoir lu l'article. Il s'amuse d'abord _____ chercher les fautes d'orthographe puis celles de syntaxe.

Il soupçonne les journalistes _____ ne pas dire toute la vérité. Il leur reproche _____ être trop

vagues. Souvent, il envoie un message au rédacteur en chef _____ se plaindre. En vain, car personne

ne répond jamais _____ Arnaud!

exercice   18-7

Complete each sentence with the appropriate preposition. If no preposition is required, mark an **X**.

1. Aide-moi _____ déplacer cette armoire.

2. Sébastien m'a conseillé _____ ne pas prendre cette décision.

3. Vincent commence _____ travailler à huit heures.

4. Tamara projette _____ aller en Mongolie l'été prochain.

5. Jodie m'a parlé _____ son nouveau projet.

6. Léa aime _____ se promener sur la plage.

7. Essaie _____ la comprendre!

8. Je ne me souviens pas _____ avoir jamais oublié son anniversaire.

9. Ne répondez pas _____ ses messages!

10. Ils envisagent _____ s'installer au Maroc.

11. Bérengère regrette _____ ne pas avoir pu assister à la réunion.

12. Est-ce que Capucine joue _____ la harpe?

13. Juline n'a pas osé _____ lui demander son âge.

14. Camélia cherche _____ atteindre un public plus jeune.

15. Pourquoi as-tu besoin _____ ma voiture?

16. Mila s'est habituée _____ se lever tous les matins à six heures.

17. Crois _____ ce que tu veux! À la magie, aux sciences occultes! Je m'en fiche!

18. Pourquoi as-tu accepté _____ l'aider?

19. Il a beaucoup de qualités mais il manque _____ imagination!

20. N'oublie pas _____ les appeler vendredi.

Review Exercises

The purpose of these review exercises is to focus on the trickiest points, to revisit all the chapters, and to put together all that you have learned. In the introduction of the book, I suggested that if you wanted to be a spy, a double agent, or simply a person able to master the French language with brio, you had to start working on pronouns and prepositions. Here's the final test. Have you become a pronoun and preposition virtuoso worthy of Sherlock Holmes or James Bond?

exercice R-1

Write the appropriate possessive pronoun to replace the noun phrase in boldface.

1. Il aime sa voiture. J'aime _____. (*mine*)

2. (*Ours*) _____ est une voiture hybride.

3. On préfère prendre notre route habituelle, ils préfèrent prendre _____. (*theirs*)

4. Mes amis viennent avec moi, _____ vont avec toi. (*yours*)

5. Votre ordinateur est le modèle actuel, _____ est plus ancien. (*ours*)

6. Je voudrais garder mon portable, mais elle voudrait remplacer _____. (*hers*)

7. Je passe mes vacances à la campagne cet été. Elles passent _____ en ville. (*theirs*)

8. Ton idée est meilleure que _____. (*mine*)

9. Ses objections sont sérieuses, _____ ne le sont pas. (*yours*/**vous**)

10. Vos recommandations sont intéressantes, _____ sont inimaginables! (*theirs*)

exercice R-2

Translate the following sentences using the appropriate possessive pronoun and **vous** *form when necessary.*

1. He likes his car. I like mine.

_____

2. Mine is a hybrid car.

_____

3. We prefer to take our car. He prefers to take his.

_____

4. My friends are coming with me. Yours are going with you.

_____

5. Your computer is the current model; ours is older.

_____

6. I would like to keep my cell phone, but she would like to replace hers.

_____

7. I am spending my vacation in the country this summer. They are spending theirs in the city.

_____

8. Their idea is better than mine.

_____

9. Their objections are serious; ours are not.

_____

10. His recommendations are interesting. Theirs are unacceptable.

_____

exercice   R-3

Complete each sentence using the appropriate preposition.

1. Je vais _____ France en octobre.

2. Mon chanteur préféré chantera à l'Opéra, _____ Brésil.

3. Je veux aussi visiter la maison de Monet, _____ Giverny, _____ Normandie.

4. Antoine a l'intention de s'installer _____ Pérou.

5. On louera une voiture pour aller _____ Portugal.

6. Plusieurs acteurs américains ont acheté des propriétés _____ Maroc.

7. L'association va installer une antenne _____ Shangaï.

8. Voudriez-vous venir _____ Prague avec moi?

9. Ces nouveaux iPods sont fabriqués _____ Chine.

10. Le sommet international aura lieu _____ États-Unis.

exercice R-4

Translate the following short paragraph, making sure that the prepositions agree with the geographical names.

My sister prefers to stay in New York in the summer. From New York, it is easy to go to Boston or Washington, D.C. She could also take the train to go to Canada. From Montreal, she can take another train to go to Quebec City. Quebec City is the capital of Quebec. If she has enough time, she should go to New Scotland.

_____

_____

_____

_____

_____

_____

exercice R-5

In the following sentences, fill in the appropriate preposition. In some cases, there might be two options.

1. Marc voyage toujours _____ son chien.

2. La semaine dernière, il a passé deux jours _____ la plage.

3. Son chien aime jouer _____ frisbee. Marc préfère faire _____ vélo.

4. Ils ont mangé _____ un très bon restaurant.

5. _____ lui, tout est compulsif.

6. Tu as pensé à tout pour le pique-nique _____ au pain. File à la boulangerie!

7. Ce n'est pas devant la maison. Au contraire, c'est _____ la maison.

8. Il ne trouvait pas ses gants. Il est sorti _____ gants malgré la tempête de neige.

9. En quoi est ce bracelet? C'est un bracelet _____ or.

10. C'est un secret. Ça reste strictement _____ nous.

exercice   R-6

Translate the following short paragraph, taking care to use the appropriate prepositions.

In Paris, we buy our croissants in the morning at Maurice's. He is a traditional baker. He makes them with butter—real butter! His bakery is on the square, opposite the church. Everyone goes there on Sunday to buy bread and croissants. According to the neighbors, Maurice is one of the best bakers. He is very friendly toward his customers.

_____

_____

_____

_____

_____

_____

exercice   R-7

Complete each sentence with the appropriate preposition.

1. Benoît est scientifique, mais il croit _____ Dieu.

2. Après une journée dans le désert, Valéry se sent accablée _____ la chaleur.

3. Thérèse était accablée _____ tristesse en apprenant la nouvelle.

4. Mon frère enseigne un cours _____ littérature et _____ civilisations françaises.

5. Furieux, Jean-Claude s'approcha _____ moi subitement.

6. Armand est en train de lire un roman _____ Amélie Nothomb.

7. Cet article sur Amélie Nothomb a été écrit _____ un professeur belge.

8. L'objectif principal du gouvernement est la création _____ emplois.

9. Le sol était toujours couvert _____ neige.

10. Le président a assisté à la première de *La Traviata* de Verdi, entouré _____ son cercle d'amis.

exercice   R-8

Complete each sentence with the appropriate preposition.

1. _____ la situation dans ce pays, je vous déconseille d'y aller.

2. Le musicien a dédié sa sonate _____ enfants de son ami.

3. Félix, un jeune homme quelque peu maladroit, a fait un cadeau extravagant _____ sa patronne.

4. _____ sa maladie, Yannick a défendu sa thèse, et il a décroché une note excellente.

5. Marc dévore les polars publiés _____ Gallimard.

6. Claude est très fier de sa thèse _____ la littérature congolaise.

7. Cette nouvelle collection sera publiée _____ mon éditeur.

8. _____ son retour que nous attendons avec impatience, nous partirons tous en vacances.

9. Georges éprouve un sentiment de profonde amitié _____ son professeur de chimie.

10. Aude déteste toutes les musiques _____ les œuvres de certains compositeurs baroques tels que Marc-Antoine Charpentier.

exercice   R-9

In the following short paragraph, fill in the appropriate compound prepositions from the following:

à cause 'd	d'après	en dépit de
face à	loin de	par rapport à

La conjoncture économique actuelle est dramatique. _____ des analystes financiers,

c'est _____ une politique économique irresponsable. Le gouvernement,

_____ cette situation difficile, tente de réagir. Cependant, _____ des mesures prises, l'économie demeure stagnante. _____ l'année dernière, la situation

semble sur la bonne voie mais nous sommes _____ voir une nette amélioration.

exercice   R-10

Translate the following short paragraph, making sure to use the correct compound prepositions.

Renting an apartment is not easy. According to the experts, it is one of the most stressful things. When you decide to rent one, except for very rare situations, you are at the mercy of the landlord. If you are lucky, you will find one close to your office. If the apartment is far from your job, you will have to commute. This is not the end of the world. During that time, you will be able to read or even sleep. If you keep on looking, you will end up finding something.

_____

_____

_____

_____

_____

_____

_____

exercice   R-11

Rewrite each sentence, replacing the phrase in boldface with the indirect object pronoun **y**.

1. Nous pensons **à leur proposition**.

   _____

2. Alice s'intéresse **à ce poste**.

   _____

3. Elle a consacré sa vie **à l'action humanitaire**.

   _____

4. Florence ne s'est jamais accoutumée **à vivre à la campagne**.

   _____

5. Le ministre a répondu **à la lettre du préfet de Lyon**.

   _____

6. Les syndicats ne renonceront jamais **à leurs revendications**.

   _____

7. Je réfléchirai **à votre projet**.

   _____

8. Sa tante Anne-Sophie croit **à la magie**.

   _____

9. Je ne me fie pas **à leur nouveau programme écologique**.

   _____

10. Les habitants de ce village tiennent **à la conservation de leurs monuments historiques**.

    _____

exercice R-12

Rewrite each sentence, replacing the phrase in boldface with the indirect object pronoun **en**.

1. Fabrice a envie **d'acheter ce nouvel iPod multi-touch**.

   _____

2. Nos voisins de palier ont l'intention **de déménager**.

   _____

3. Ne t'en fais pas! Je m'occuperai **de tout pour le voyage en Turquie**.

   _____

4. Ne vous approchez pas trop **du bord de la falaise**!

   _____

5. Ma sœur s'est enfin débarrassée **de ses vieux vêtements**.

   _____

6. Ils ont peur **de la décision du juge d'instruction**.

   _____

7. Mathilde ne se souvient pas **de cet incident**.

_____

8. Véronique se sert toujours **de son dictionnaire électronique**.

_____

9. Le maire n'a pas parlé **des conflits actuels au sein de sa municipalité**.

_____

10. Son ex-femme se chargeait **de tout**.

_____

exercice   R-13

Rewrite each sentence, replacing the phrase in boldface with the appropriate indirect object pronoun.

1. Les responsables de l'organisation n'ont pas obéi **au règlement de copropriété**.

_____

2. Mélanie s'est abonnée **à la version numérique du** _Monde_.

_____

3. Demain, le directeur parlera **des augmentations de salaire**.

_____

4. Je n'ai jamais pensé **à ça**.

_____

5. Frédéric s'est approché avec prudence **du château en ruine**.

_____

6. Charles tient trop **aux choses matérielles**.

_____

7. Mon oncle Victor ne se débarrassera jamais **de ses outils inutiles**.

_____

8. Claire se sert toujours **d'une cocotte pour faire son célèbre fumet de poisson**.

_____

9. Tu tiens vraiment **à déclencher une telle polémique**?

_____

10. Ma cousine Christine a peur **des souris**.

_____

Rewrite each sentence, replacing the phrase in boldface with a direct object pronoun, an indirect object pronoun, or both.

1. Je vais acheter une **voiture hybride** cette année.

_____

2. Il doit finir **le rapport** avant la réunion demain.

_____

3. Ma sœur compte vendre **sa maison** d'ici un mois.

_____

4. Tu ne vas pas croire **son explication**.

_____

5. Nous voudrions acheter **cet appartement**, mais il est trop cher.

_____

6. Je vais maîtriser **ce logiciel**.

_____

7. Allez-vous envoyer **le courriel à votre patron** ce soir?

_____

8. Elle espère trouver un **nouvel emploi**.

_____

9. Tu vas apprendre **la chanson à ton petit frère**.

_____

10. Vous devez prendre **ces vitamines** le matin.

_____

exercice   R-15

Complete each sentence with the relative pronoun **qui** *or* **que**.

1. Ma collègue _____ préfère Calderón à Shakespeare s'appelle Marie.

2. Le polar _____ je viens de lire est traduit du suédois.

3. C'est une reproduction de Rembrandt _____ vous avez offert à votre neveu?

4. Le philosophe _____ vous adorez est un lecteur obsessif d'Astérix.

5. Mon pays d'origine est bizarre; chaque fois _____ j'y retourne, je trouve un monde inconnu.

6. La Belgique, un pays _____ j'aime beaucoup, est en pleine crise identitaire.

7. Il est évident que ce concerto de Haydn est une œuvre _____ vous jouerez à la perfection.

8. Lucas aime la musique de Debussy, mais Fauré est le compositeur _____ l'émerveille.

9. De toutes les théories que vous m'avez expliquées, ce n'est que la troisième _____ me semble vraisemblable.

10. Flaubert est l'écrivain _____ m'éblouit par la maîtrise de son style.

exercice   R-16

Here's an intermission—a nice break where you'll get all the answers right! By completing each sentence with the relative pronoun **dont**, *you will have the chance to see where and when* **dont** *is used.*

1. Cécile est sa nièce _____ elle est si fière.

2. L'ordinateur _____ elle se sert en voyage, est un Mac.

3. Sur la photo, ce sont les deux architectes _____ nous avons fait connaissance au Mali.

4. Je ne connais pas la marque des pinceaux _____ elle se sert.

5. Apportez-moi les documents _____ j'ai besoin le plus vite possible.

6. C'est de ce nouvel iPod nano _____ Marie a envie?

7. L'affaire _____ notre avocat se charge actuellement est complexe.

8. Si jamais il y a une imprimante _____ tu veux te débarrasser, pense à moi.

9. Le dossier _____ il s'occupe en ce moment, est délicat.

10. C'est surtout des araignées _____ elle a peur.

exercice R-17

Complete the sentences with **ce qui**, **ce que**, **ce à quoi**, *or* **ce dont**.

1. _____ Julie s'occupe, c'est d'un nouveau projet de numérisation de films.

2. _____ Clara pense, c'est à son avenir.

3. _____ Noëlla aimerait voir, c'est la nouvelle collection de printemps.

4. _____ m'énerve, c'est sa misogynie.

5. _____ me plaît le plus chez elle, c'est sa spontanéité.

6. _____ Juliette regrette le plus, c'est son ancien appartement dans le Marais.

7. _____ Maryse se souvient, c'est des recettes de sa grand-mère.

8. _____ l'avocat se méfie, c'est de l'honnêteté de son client.

9. _____ Luc a consacré sa vie, c'est à l'action humanitaire.

10. _____ ils se plaignent, c'est de leurs voisins bruyants.

exercice R-18

Complete each sentence with the appropriate relative pronoun.

1. Nous organisons une soirée _____ vous êtes tous invités.

2. J'ignore la raison _____ il refuse de voter.

3. _____ me déplaît chez lui, c'est son cynisme.

4. C'est cet iPad _____ vous voulez acheter?

5. C'est son fils aîné _____ veut être profileur?

6. La controverse _____ vous faites allusion, n'a aucun sens.

7. Nous ne savons pas encore chez _____ aura lieu la réunion.

8. _____ il s'intéresse, c'est à la musique baroque.

9. Voici le nouveau vaccin _____ le Dr. Montagnier a inventé.

10. Voici les documents _____ se trouve une lettre qui prouve sa culpabilité.

exercice   R-19

Rewrite the following pairs of sentences connecting them with a relative pronoun.

1. Prends la raquette. Je joue avec cette raquette.

   _____

2. Il déteste son patron. Le patron est trop désagréable.

   _____

3. Carole cueille les fleurs. Son jardinier plante les fleurs.

   _____

4. Achetez des épices. Sans ces épices vous ne pourrez pas faire ce ragoût.

   _____

5. C'est l'ordinateur portable. Julien travaille avec cet ordinateur portable.

   _____

6. On menace de limoger le ministre. Le ministre est accusé de fraude fiscale.

   _____

7. C'est une grande entreprise. Fabrice travaille pour cette entreprise.

   _____

8. Je vous présente Chloé. Nous avons appris la nouvelle par Chloé.

   _____

9. Cécile a parlé aux touristes chinois. Elle était assise à côté des touristes chinois.

   _____

10. J'avais des collègues super. Il y avait beaucoup d'Argentins parmi eux.

   _____

exercice   R-20

Fill in the blanks with the passé composé. Make sure the past participle of the pronominal verb agrees with the subject in gender and number, when appropriate.

1. Marie et Philippe (se marier) ＿＿＿＿＿＿＿＿＿＿ le mois dernier.

2. Mon cousin et un de ses amis d'enfance (se retrouver) ＿＿＿＿＿＿＿＿＿＿ par hasard.

3. Ils (se lever) ＿＿＿＿＿＿＿＿＿＿ très tôt pour voir le lever du soleil.

4. L'oiseau (s'envoler) ＿＿＿＿＿＿＿＿＿＿ dans le ciel azur.

5. Ils (se téléphoner) ＿＿＿＿＿＿＿＿＿＿ hier soir.

6. Mélanie (s'évanouir) ＿＿＿＿＿＿＿＿＿＿ en pleine réunion.

7. Ces deux écrivains (s'écrire) ＿＿＿＿＿＿＿＿＿＿ pendant toute leur vie.

8. Tatiana (se maquiller) ＿＿＿＿＿＿＿＿＿＿ avant d'aller à la soirée.

9. Nous (se promener) ＿＿＿＿＿＿＿＿＿＿ le long des quais de la Seine.

10. Merci à tous. Vous (s'occuper) ＿＿＿＿＿＿＿＿＿＿ de tout!

exercice   R-21

Conjugate the verbs in bold using the passé composé.

1. La fenêtre **s'ouvre** brusquement à cause de la tempête. ＿＿＿＿＿＿＿＿＿＿

2. Nous **nous amusons** à la plage. ＿＿＿＿＿＿＿＿＿＿

3. Je **m'assieds** près de la porte. ＿＿＿＿＿＿＿＿＿＿

4. La salle de classe **se vide** très vite à l'heure de déjeuner. ＿＿＿＿＿＿＿＿＿＿

5. Les adolescents **s'opposent** à la nouvelle proposition du directeur. ＿＿＿＿＿＿＿＿＿＿

6. Nous **nous défendons** avec véhémence. ＿＿＿＿＿＿＿＿＿＿

7. Tu **te couches** très tôt. ＿＿＿＿＿＿＿＿＿＿

8. Vous **vous cherchez** dans la foule sans succès. ＿＿＿＿＿＿＿＿＿＿

9. Elle **se cache** derrière le rideau. ＿＿＿＿＿＿＿＿＿＿

10. L'avion **s'écrase** contre la montagne. ＿＿＿＿＿＿＿＿＿＿

exercice   R-22

Create sentences from the following elements, using the subject pronoun **on**.

1. produire du café / Brésil

   _____

2. créer des mangas / Japon

   _____

3. danser le tango / Argentine

   _____

4. boire du café / Hawaï

   _____

5. faire de la raquette / Canada

   _____

6. fabriquer du tweed / Écosse

   _____

7. boire de la bière noire / Irlande

   _____

8. aimer les cafés philosophiques / France

   _____

9. fabriquer les Ford / Michigan

   _____

10. manger avec des baguettes / Chine

    _____

exercice   R-23

Translate the following sentences into French, using the **on** *construction.*

1. They speak French in New Caledonia.

   _____

2. We think this minister should resign.

_____

3. One must not speak so loud in a church.

_____

4. We are really surprised he won the competition.

_____

5. Shall we go to the Apple store at the Carrousel du Louvre?

_____

6. One takes off one's shoes before entering a pagoda.

_____

7. In France, they eat asparagus with their hands.

_____

8. Ah, Sophie, we are having fun in the chemistry lab!

_____

9. We are leaving now.

_____

10. One must pay taxes every year.

_____

exercice   **R-24**

Complete each sentence with the indefinite pronoun **quelqu'un, quelque chose, n'importe qui, n'importe quoi,** *or* **autrui.**

1. Vérifie ta boîte vocale. _____ a appelé pendant ton absence.

2. Sois très polie. Cet homme élégant là-bas, ce n'est pas _____!

3. Tu veux _____ à boire?

4. _____ pourrait entrer dans cette maison! Elle n'est jamais fermée à clé.

5. C'est une question d'éthique. Il faut respecter la vie privée de _____.

6. Raoul est vraiment idiot. Il raconte toujours _____.

7. _____ te gêne dans la construction de ce roman?

8. Voler les biens de _____ est répréhensible.

9. Jeanne a rencontré _____ de génial au vernissage.

10. Fais attention! Ne mange pas _____! Autrement, tu vas grossir.

---

exercice   R-25

*Translate the following sentences into French, using an indefinite pronoun and the **tu** form as necessary.*

1. Bring something to the party!

   _____

2. This is someone you should meet.

   _____

3. The president has something important to say to one of his ministers.

   _____

4. I am looking for someone to go to Peru with me.

   _____

5. We need something else to eat for the picnic.

   _____

6. He knows someone in the chemistry department.

   _____

7. One musician has discovered something new in Mozart's work.

   _____

8. Someone was in the office during the night.

   _____

9. He cannot write something so awful!

   _____

10. The mouse found something to eat in the kitchen.

   _____

exercice   R-26

Write the appropriate demonstrative pronoun for the noun phrase in boldface.

1. **Le film** que tu veux voir a reçu une bonne critique. _____

2. **Les chaussures** qu'ils vendent ici sont très chères. _____

3. Je n'ai pas encore acheté **les livres** pour le cours de littérature. _____

4. **La voiture** de son frère est une voiture d'occasion. _____

5. **Les billets** pour son concert ne sont plus disponibles. _____

6. **La guitare** qui est dans le salon vient d'Espagne. _____

7. **Les plages** de la Côte d'Azur sont toujours pleines de monde. _____

8. **Le pain** de ce boulanger est le meilleur de la ville. _____

9. **Les timbres** qu'il collectionne ne sont pas rares. _____

10. Elle préfère **l'ordinateur** qu'elle utilise à l'école. _____

exercice   R-27

Formulate a question for each statement, using an interrogative pronoun in the compound form to replace the phrase in boldface.

1. Elle veut **un ordinateur** pour son anniversaire.

   _____

2. Nous faisons **la grasse matinée** le dimanche.

   _____

3. Il prépare **une grande fête** pour son retour.

   _____

4. Dans ce livre, il s'agit **de l'économie de la région Rhône-Alpes**.

   _____

5. Vous cuisinez **avec les meilleurs ingrédients**.

   _____

6. Tu penses **aux vacances**.

_____

7. J'ai acheté **une Smart jaune citron**. (vous)

_____

8. C'est **en cuir**.

_____

9. Ils s'accoutument **à leur nouvelle vie** en province.

_____

10. Vous parlez **de votre projet**.

_____

exercice   R-28

Formulate a question for each statement, using an interrogative pronoun in the simple form to replace the phrase in boldface. Use the **vous** form for **you**, and invert the subject and verb.

1. J'ai rencontré cet artiste **chez Louise**.

_____

2. Nous avons déjeuné **avec nos parents** vendredi.

_____

3. Je cherche quelque chose **pour mes camarades de classe**.

_____

4. Nous aimons passer nos vacances **chez notre grand-mère**.

_____

5. J'ai donné mon parapluie **à mon voisin**.

_____

6. Nous parlons **de notre ancien professeur de français**.

_____

7. J'ai vu **votre mère** au supermarché.

_____

8. Nous partons en vacances **avec nos amis**.

_____

9. J'ai aperçu **leur fils** à l'école.

_____

10. Nous avons peur **de lui**.

_____

exercice **R-29**

To close this review chapter, a last glance at the indefinite pronouns. Read the following text aloud, just for the fun of it!

Je voudrais que quelqu'un m'attende quelque part, est un livre d'Anna Gavalda, qui a fait un tabac.

Pour l'écrire, elle a sans cesse cherché quelqu'un, quelque chose pour construire ce roman. Elle a passé des heures dans les bibliothèques, dans les archives, dans les musées, dans les cafés, partout et nulle part, pour demander n'importe quoi à n'importe qui. Quelqu'un a toujours eu quelque chose de nouveau et d'inattendu à lui révéler. Chacun à sa façon, bien sûr. Certains lui ont parlé de leur enfance. D'autres, de leurs enfants. Quelques-uns ont dit la vérité. Plusieurs ont menti. Comment se fier à n'importe qui car Monsieur Untel risque de raconter n'importe quoi, histoire de s'amuser.

Néanmoins, Anna Gavalda, un écrivain brillant, jouit d'un succès hors pair car elle est toujours à l'écoute d'autrui.

Vous avez désormais tous les outils en main pour faire face à tous les pronoms et prépositions.

Félicitations et bonne chance!

French-English Glossary

a

à pied on foot
abat-jour (*m.*) lamp shade
s'abonner à to subscribe
accord (*m.*) agreement
acheter to buy
action (*f.*) act, stock
addition (*f.*) check (*restaurant*)
adieu (*m.*) farewell
s'améliorer to improve
amer bitter
ami (*m.*) friend
amie (*f.*) friend
amoureux in love
an (*m.*) year
ancien ancient, former
anniversaire (*m.*) birthday
appartenir to belong
appeler to call
apporter to bring
apprendre to learn
aquarelle (*f.*) watercolor
araignée (*f.*) spider
arbre (*m.*) tree
argent (*m.*) money, silver
asile (*m.*) asylum
assez enough
assiette (*f.*) plate
assister à to attend
attendre to wait
attirer to attract
audacieux daring, bold
augmentation (*f.*) increase
aujourd'hui today
aurore (*f.*) dawn
avenir (*m.*) future
avion (*m.*) plane
avocat/avocate (*m./f.*) lawyer
avoir l'intention de to intend
avoir lieu to take place

b

baguette (*f.*) baguette, baton
se balader to take a walk

banc (*m.*) bench
bateau (*m.*) boat
bâtir to build
beau beautiful
bébé (*m.*) baby
belle-mère (*f.*) mother-in-law/stepmother
belle-sœur (*f.*) sister-in-law
bénéfice (*m.*) profit
besoin (*m.*) need
bientôt soon
billet (*m.*) ticket
blanc white
bleu blue
boire to drink
bois (*m.*) wood
boîte vocale (*f.*) voice mail
boucle d'oreille (*f.*) earring
bougie (*f.*) candle
bouillir to boil
boulangerie (*f.*) bakery
bourse (*f.*) scholarship
bouteille (*f.*) bottle
bras (*m.*) arm
bruit (*m.*) noise
bureau (*m.*) desk, office

c

(se) cacher to hide
cadeau (*m.*) gift
café (*m.*) coffee
camion (*m.*) truck
camionneur (*m.*) truck driver
carte (*f.*) card, map
carte postale (*f.*) postcard
cave (*f.*) cellar
célèbre famous
cent hundred
chaise (*f.*) chair
chambre (*f.*) room, bedroom
champignon (*m.*) mushroom
chanson (*f.*) song
chapeau (*m.*) hat
chat (*m.*) cat
chaton (*m.*) kitten
chaumière (*f.*) thatched cottage

chef d'orchestre (*m.*) conductor
cheminée (*f.*) fireplace, chimney
chemise (*f.*) shirt
cher dear, expensive
chercher to look for
cheveux (*m. pl.*) hair
cheville (*f.*) ankle
chien (*m.*) dog
chose (*f.*) thing
cirque (*m.*) circus
clé (*f.*) key
cœur (*m.*) heart
colis (*m.*) package
collier (*m.*) necklace
colline (*f.*) hill
comité (*m.*) committee
comportement (*m.*) behavior
se comporter to behave
comprendre to understand
comptoir (*m.*) counter
conférencier (*m.*) lecturer
consacrer to devote
conseil (*m.*) advice
costume (*m.*) suit
courir to run
courriel (*m.*) e-mail
courrier (*m.*) mail
coussin (*m.*) cushion
couteau (*m.*) knife
créer to create
croustillant crusty
cueillir to pick up
cuir (*m.*) leather
cuisine (*f.*) kitchen, cooking

d

d'abord at first
daim (*m.*) suede
décongeler to defrost
découvrir to discover
dédier to dedicate
déjeuner to have lunch
délicieux delicious
déménager to move
demeurer to stay

démission (*f.*) resignation
déposer to deposit
dernier last
dessin (*m.*) drawing
se détendre to relax
dette (*f.*) debt
dinde (*f.*) turkey
discours (*m.*) speech
distraire to distract
distrait absent-minded
doigt (*m.*) finger
donnée (*f.*) data
donner to give
dormir to sleep
dossier (*m.*) file
doublé dubbed
doux sweet, soft
drôle funny

e

eau (*f.*) water
éblouir to dazzle
s'éclipser to slip away
s'écraser to crash
écrire to write
écrivain (*m.*) writer, author
éditeur (*m.*) publisher
efficace efficient
élire to elect
émouvant moving
emploi (*m.*) job
emploi du temps (*m.*) schedule
emprunter to borrow
ému moved
encre (*f.*) ink
endroit (*m.*) place
enfance (*f.*) childhood
enfant (*m./f.*) child
engager to hire
ennuyeux boring
s'enrichir to get rich
enseigner to teach
s'envenimer to get worse
envoyer to send
épicé spicy
épuisant exhausting
équipe (*f.*) team
équitation (*f.*) horseback riding
erreur (*f.*) mistake
escargot (*m.*) snail
espionner to spy
étage (*m.*) floor
éteindre to put out, extinguish
étoile (*f.*) star
étrange strange
étudier to study
étui (*m.*) case
s'évanouir to faint
éventuel possible, potential

examen (*m.*) exam
exigeant demanding
exigence (*f.*) demand
expliquer to explain
exposition (*f.*) exhibit
expulser to evict

f

fabriquer to make
facture (*f.*) bill
faible weak
faire to do, make
s'en faire to worry
faire un tabac to be a big hit
faire la vaisselle to do the dishes
faire le ménage to do the
    housecleaning
faire les courses to shop
falaise (*f.*) cliff
fantôme (*m.*) ghost
farcir to stuff
fascinant fascinating
fauteuil (*m.*) armchair
femme (*f.*) woman
fenêtre (*f.*) window
fermer to close
feuille (*f.*) leaf
fier proud
se fier à to trust
fille (*f.*) girl, daughter
fils (*m.*) son
fleur (*f.*) flower
follement madly
fondue (*f.*) fondue
fontaine (*f.*) fountain
foule (*f.*) crowd
fournir to provide
frère (*m.*) brother
froid cold
fromage (*m.*) cheese
fumer to smoke

g

gagner to win, earn
gant (*m.*) glove
garer to station
gâteau (*m.*) cake
gentil nice
gentillesse (*f.*) kindness
gloire (*f.*) glory
goût (*m.*) taste
goûter to taste
grand big, tall
gratuit free
grenier (*m.*) attic
grève (*f.*) strike
gris gray

guérir to cure, heal
guerre (*f.*) war

h

habiter to live
hacher to chop, mince
haïr to hate
hamac (*m.*) hammock
haut de gamme top-of-the-line
hebdomadaire weekly
heure (*f.*) hour
hier yesterday
histoire (*f.*) story
homard (*m.*) lobster
homme (*m.*) man

i

illisible illegible
immeuble (*m.*) apartment building
imperméable (*m.*) raincoat
impôt (*m.*) tax
imprimante (*f.*) printer
imprimer to print
inconnu unknown
informatique (*f.*) computer science
insolite strange, unusual

j

jardin (*m.*) garden
jardinier (*m.*) gardener
jaune yellow
jeu (*m.*) game
jeune young
jeunesse (*f.*) youth
jouet (*m.*) toy
jour (*m.*) day
journal (*m.*) newspaper
juger to judge
jurer to swear

l

laid ugly
laine (*f.*) wool
lait (*m.*) milk
lapin (*m.*) rabbit
lettre (*f.*) letter
librairie (*f.*) bookstore
licencier to lay off
limoger to fire someone
lin (*m.*) linen
lire to read
lit (*m.*) bed
livre (*m.*) book

livre (*f.*) pound
loge (*f.*) dressing room
logiciel (*m.*) software
loi (*f.*) law
louer to rent
lunettes (*f. pl.*) glasses

m

magasin (*m.*) store
magazine (*m.*) magazine
magie (*f.*) magic
main (*f.*) hand
maire (*m.*) mayor
maison (*f.*) house
malade sick
malheur (*m.*) misfortune, mishap
malheureusement unfortunately
manche (*f.*) sleeve
manger to eat
manteau (*m.*) coat
marbre (*m.*) marble
marché (*m.*) market
marguerite (*f.*) daisy
mari (*m.*) husband
marin (*m.*) seaman
marque (*f.*) brand
médaille (*f.*) medal
médicament (*m.*) medicine
menthe (*f.*) mint
mentir to lie
mer (*f.*) sea
mère (*f.*) mother
merveilleux marvelous, wonderful
metteur en scène (*m.*) film director
midi (*m.*) noon
miel (*m.*) honey
mille thousand
minuit (*m.*) midnight
mirabelle (*f.*) cherry plum
miroir (*m.*) mirror
moins less
monde (*m.*) world
montre (*f.*) watch
mort (*f.*) death
moulin (*m.*) mill

n

neiger to snow
nettoyer to clean
note (*f.*) note, grade
nuit (*f.*) night
numérique digital

o

obéir à to obey
obtenir to get, obtain

œuf (*m.*) egg
offrir to give, offer
oiseau (*m.*) bird
ombre (*f.*) shadow
or (*m.*) gold
ordinateur (*m.*) computer
outil (*m.*) tool
ouvrier (*m.*) worker
ouvrir to open

p

paille (*f.*) straw
pain (*m.*) bread
pamplemousse (*m.*) grapefruit
parapluie (*f.*) umbrella
partout everywhere
passer to spend, pass
se passer de to do without
patron (*m.*) boss
pauvre poor
peau (*f.*) skin
peintre (*m.*) painter
pellicule (*f.*) roll of film
périple (*m.*) journey
permettre to allow
petit small, little
peu à peu little by little
phare (*m.*) lighthouse
pièce de théâtre (*f.*) play
pierre (*f.*) stone
pire worse
placard (*m.*) closet
plage (*f.*) beach
se plaindre to complain
plainte (*f.*) complaint
plan (*m.*) map
plat (*m.*) dish
pleuvoir to rain
pluie (*f.*) rain
plus more
poche (*f.*) pocket
poésie (*f.*) poetry
pointu sharp
poisson (*m.*) fish
polar (*m.*) detective novel
pont (*m.*) bridge
porte (*f.*) door
poste (*m.*) position, job
poste (*f.*) post office
poulet (*m.*) chicken
préconiser to advocate
premier first
prénom (*m.*) first name
présenter to introduce
presque almost
prêter to lend
printemps (*m.*) spring
prix (*m.*) price, prize
prochain next

produit (*m.*) product
se promener to walk
propre own, clean
propriétaire (*m./f.*) owner
publier to publish

q

quartier (*m.*) neighborhood
quelquefois sometimes
quincaillerie (*f.*) hardware store
quotidien daily

r

raconter to tell
raison (*f.*) reason
rapport (*m.*) report
recette (*f.*) recipe
réchauffement global (*m.*) global warming
rédacteur (*m.*) editor
remercier to thank
remettre to hand
rencontrer to meet
rendez-vous (*m.*) appointment
rendre visite à to pay a visit
repasser to iron
répétition (*f.*) rehearsal
répondre to answer, reply
réponse (*f.*) answer
se reposer to rest
résoudre to resolve, solve
responsable (*m./f.*) person in charge
rester to stay
réunion (*f.*) meeting
réussir to succeed
révéler to reveal
ridicule ridiculous
rien nothing
rivière (*f.*) river
robe (*f.*) dress
rocher (*m.*) rock
roi (*m.*) king
roman (*m.*) novel
romancier (*m.*) novelist
rue (*f.*) street

s

sac (*m.*) bag
sac à dos (*m.*) backpack
sandale (*f.*) sandal
sans-abri (*m./f.*) homeless person
santé (*f.*) health
savoir to know
savon (*m.*) soap
scène (*f.*) stage

séjour (*m.*) stay
semaine (*f.*) week
serrure (*f.*) lock
se servir de to use
siècle (*m.*) century
siège (*m.*) seat, headquarters, main offices
sœur (*f.*) sister
soie (*f.*) silk
soir (*m.*) evening
soldat (*m.*) soldier
soleil (*m.*) sun
soumettre to submit
sourire (*m.*) smile
souris (*f.*) mouse
sous-titré subtitled
soutien (*m.*) support
souvenir (*m.*) souvenir, memory
se souvenir de to remember
spectacle (*m.*) show
stade (*m.*) stadium
stage (*m.*) internship
station-service (*f.*) gas station
stylo (*m.*) pen
sucré sweet
suivre to follow
sursauter to jump

ţ

table basse (*f.*) coffee table
tableau (*m.*) painting, board
tâche (*f.*) task
tailleur (*m.*) tailor, woman's suit
se taire to remain silent
tante (*f.*) aunt
tapis (*m.*) rug
tasse (*f.*) cup
taux (*m.*) rate
témoignage (*m.*) testimony
tempête (*f.*) storm
temps (*m.*) time, weather
tenir à to hold dear
timide shy
tisser to weave
tôt early
toujours always
traduire to translate
travail (*m.*) work
travailler to work
tricoter to knit
trier to sort out
triste sad
trouver to find

ll

usine (*f.*) factory
utile useful

V

vacances (*f. pl.*) vacation
vache (*f.*) cow
valise (*f.*) suitcase
velours (*m.*) velvet
vendre to sell
vent (*m.*) wind
vérité (*f.*) truth
verre (*m.*) glass
vert green
veste (*f.*) jacket
viande (*f.*) meat
vide empty
vie (*f.*) life
vieux old
vignoble (*m.*) vineyard
vin (*m.*) wine
violet violet, purple
violon (*m.*) violin
voisin (*m.*)/**voisine** (*f.*) neighbor
voiture (*f.*) car
voix (*f.*) voice

Answer Key

Part I Pronouns
Unit 1   Subject Pronouns

1-1

1. Elle
2. Ils
3. Ils
4. Elle
5. Il
6. Ils
7. Il
8. Elles
9. Il
10. Elle
11. Elle
12. Il
13. Elle
14. Ils
15. Elle
16. Elles
17. Il
18. Elle
19. Ils
20. Il

1-2

1. nous
2. je
3. vous
4. je, il, elle, on
5. il, elle, on
6. vous
7. nous
8. il, elle, on
9. tu
10. il, elle, on
11. ils, elles
12. vous
13. ils, elles
14. nous
15. tu
16. tu
17. vous
18. ils, elles
19. nous
20. vous

1-3

1. aimons
2. entres
3. commande
4. arrivez
5. déteste
6. vais
7. voyagent
8. désirons
9. jouez
10. dînes
11. habite
12. regarde
13. travaillent
14. écoutons
15. demandes
16. parle
17. portent
18. répondons
19. as
20. sait

1-4

1. Il achète du lait.
2. Tu réponds aux questions.
3. Je vais à l'opéra.
4. Ils travaillent à Nice.
5. Qu'est-ce que tu veux acheter?
6. Elle explique la situation.
7. Nous lisons le journal.
8. Parlez-vous espagnol?
9. Ont-ils beaucoup d'amis à Paris?
10. Avez-vous un chat?
11. Elle joue au tennis.
12. Il porte des lunettes.
13. Elle regarde la télévision.
14. J'étudie l'italien.
15. Ils sont américains.
16. Nous aimons chanter.
17. Est-ce que tu écoutes la radio?
18. Il adore voyager.
19. Avez-vous du citron?
20. Elle est française.

1-5

1. Malheureusement, il neige.
2. Quelle heure est-il?
3. Il fait beau. Allons au parc!
4. Il fait trop chaud. Ouvrez la fenêtre!
5. Il fait trop froid pour sortir.
6. Il pleut? Voulez-vous sortir?
7. Il fait beau dehors?
8. Il est sept heures? Allumez la télévision!
9. Parce qu'il pleut, nous ne pouvons pas jouer au tennis.
10. Il est déjà minuit.

1-6
1. On fait du ski au Colorado.
2. On fabrique des horloges en Suisse.
3. On aime la mode en France.
4. On danse le flamenco en Espagne.
5. On mange du couscous au Maghreb.
6. On aime le kabuki au Japon.
7. On produit du café en Colombie.
8. On aime le chocolat en Belgique.
9. On produit du cacao en Côte d'Ivoire.
10. On cultive les tulipes en Hollande.

1-7
1. On va à la plage?
2. On parle chinois ici.
3. On doit manger des fruits tous les jours.
4. On ne doit pas parler trop fort dans un musée.
5. On étudie le français dans cette école.
6. On doit arriver au travail à l'heure.
7. On va à la soirée de Paul?
8. On est ravis de sa nomination.
9. En Suisse, on mange de la fondue.
10. Où peut-on acheter une bouteille d'eau minérale?

Unit 2   Demonstrative Pronouns

2-1

1. Celui
2. celles
3. de celles
4. Celle
5. Ceux
6. celles
7. Ceux
8. celles
9. Celui
10. Celles
11. Celui
12. Ceux
13. Celle
14. Ceux
15. Celui
16. Celle
17. celui
18. Celui
19. celle
20. celles

2-2

1. Celui qui aime le chocolat, c'est Paul.
2. J'aime le vin blanc mais celui que vous avez acheté hier est trop sucré.
3. Vos voisins sont gentils mais ceux à votre gauche font trop de bruit.
4. Je n'aime pas sa voiture. Celle qu'elle avait avant était plus belle.
5. Ce croissant est bon mais ceux que nous faisons sont meilleurs.
6. Ce chat est adorable mais celui assis sur la chaise est mon favori.
7. Celui qui joue du violon, c'est mon frère.
8. Mathilde aime la librairie d'André mais je préfère celle de la rive gauche.
9. Les baguettes de cette boulangerie sont assez bonnes mais celle que nous avons mangée hier était la plus croustillante.
10. J'ai oublié mon nouveau dictionnaire à la maison. Celui que j'ai au bureau est trop vieux.

2-3

1. Celle-là
2. Celui-là
3. Celui-là
4. Celui-là
5. Celle-là
6. Celui-là
7. Celles-là
8. Celui-là
9. Celle-là
10. Ceux-là
11. Celle-là
12. Celui-là
13. Celle-là
14. Celui-là
15. Celui-là
16. Celle-là
17. Celui-là
18. Celui-là
19. Celui-là
20. Ceux-là

2-4

1. Yvonne m'a donné deux livres: celui-ci est un roman policier et celui-là est un roman d'amour.
2. Ces chaussures sont élégantes mais celles-là sont plus confortables.
3. Ce magazine est horrible mais j'aime celui-là.
4. Quelle librairie préfères-tu? Celle-ci ou celle-là?
5. Regardez ces deux femmes! Celle-ci joue de la guitare, celle-là joue du violon.
6. Ce journaliste-ci est célèbre, celui-là est inconnu.
7. Voici deux costumes: celui-ci est bleu, celui-là est gris.
8. Cet appartement-ci est grand mais celui-là est plus près de mon bureau.
9. Quel vin buvez-vous? Celui-ci ou celui-là?
10. Voulez-vous aller dans ce magasin ou dans celui-là?

Unit 3   Disjunctive Pronouns

3-1
1. Elle aussi.
2. Elles aussi.
3. Lui aussi.
4. Eux aussi.
5. Lui aussi.
6. Moi aussi.
7. Nous aussi.
8. Moi aussi.
9. Toi aussi.
10. Elles aussi.

3-2
1. Elle non plus.
2. Moi non plus.
3. Elle non plus.
4. Vous non plus.
5. Nous non plus.
6. Toi non plus.
7. Lui non plus.
8. Moi non plus.
9. Lui non plus.
10. Moi non plus.

3-3
1. C'est lui qui joue de la clarinette.
2. C'est elle qui fait un discours à 20 heures.
3. C'est toi qui as plusieurs voitures de sport.
4. Ce sont eux qui voyagent souvent en Italie.
5. C'est moi qui cherche un appartement dans le 11ème arrondissement.
6. C'est lui qui dort toute la journée.
7. C'est lui qui est en grève.
8. C'est vous qui avez un grand jardin.
9. C'est toi qui offres des chocolats.
10. C'est elle qui lit des revues scientifiques.
11. C'est lui qui déjeune tous les jours au restaurant.
12. Ce sont elles qui habitent au quatrième étage.
13. C'est toi qui te comportes d'une manière bizarre.
14. C'est nous qui parlons japonais.
15. Ce sont eux qui élaborent une nouvelle théorie.
16. C'est toi qui finis tard tous les soirs.
17. C'est lui qui mange des œufs tous les jours.
18. C'est nous qui sommes surpris du changement de programme.
19. C'est moi qui ferme la porte à clé après le départ des employés.
20. C'est vous qui faites la cuisine ce soir.

3-4
1. qu'eux
2. que nous
3. qu'elle
4. qu'eux
5. que lui
6. que vous
7. qu'elle
8. que nous
9. que lui
10. qu'elle

3-5

1. Le font-ils eux-mêmes?
2. Écrit-il le roman lui-même?
3. Nous organisons le voyage nous-mêmes.
4. Fais-tu le dîner toi-même?
5. Écrivez-vous le livre de cuisine vous-même?
6. Nettoie-t-il l'appartement lui-même?
7. Tu dois essayer de le faire toi-même.
8. Ma sœur veut le faire elle-même.
9. Pourquoi ne peuvent-ils pas lire les documents eux-mêmes?
10. Je prendrai les photos moi-même.

3-6

1. elle
2. lui
3. lui
4. d'eux
5. lui
6. vous
7. eux
8. eux
9. eux
10. d'elle

3-7

1. Alice et Paul n'habitent pas loin de chez nous.
2. Le guide parle devant eux.
3. Ses parents habitent près d'elle.
4. Elle a fait ce film pour eux.
5. Sans toi, je n'irai pas à Tahiti.
6. Marchez derrière eux!
7. Elle adore voyager avec eux.
8. C'est un écrivain merveilleux. Chez elle, tout est poésie.
9. Il ne voyage jamais sans elle.
10. Tu aimes dîner chez eux mais pas chez moi.

3-8

C'est à lui de décider entre Nice et Paris. Moi, je préfère toujours Paris mais lui, il aime se promener sur la plage le matin. Nous aimons dire bonjour à ses cousins à Grenoble. Nous restons avec eux un ou deux jours. Puis nous allons sur la Côte d'Azur. J'aime voyager avec lui. Ce n'est pas amusant de tout faire seul(e), sans lui. Si mon amie Céleste est à Nice, nous passerons une soirée avec elle. Entre nous, une soirée, ça suffit. Elle est contre tout. C'est épuisant.

Unit 4   **Pronouns with Pronominal Verbs**

4-1

1. nous promenons
2. se regarde
3. se reposent
4. t'inquiètes
5. ne se couche pas
6. vous préoccupez
7. se maquille
8. me coiffe
9. vous habillez
10. se déchausse
11. s'améliore
12. nous baignons
13. se rase
14. te réveilles
15. vous baladez
16. nous salissons
17. se douche
18. t'arrêtes
19. te déshabilles
20. se détendent

4-2

1. Balade-toi
2. Arrêtez-vous
3. Ne te cache pas
4. Dépêchons-nous
5. Habille-toi
6. Reposez-vous
7. Lève-toi
8. Maquillez-vous
9. Prépare-toi
10. Amusez-vous
11. Ne t'arrête pas
12. Lavez-vous
13. Brosse-toi
14. Promenons-nous
15. Détendez-vous
16. Distrais-toi
17. Étendez-vous
18. Allonge-toi
19. Marie-toi
20. Regardez-vous

4-3

1. se haïssaient
2. nous téléphonions
3. vous quittiez
4. se voyait
5. nous parlions
6. se détestaient
7. nous écrivions
8. se répondaient
9. vous aimiez
10. nous disputions

4-4

1. Ils se sont cherchés dans la foule.
2. Tu t'es caché(e) dans le grenier.
3. Elle s'est amusée avec ses copines.
4. Ils se sont aimés, sans l'ombre d'un doute.
5. Céleste s'est couchée tard.
6. Marc s'est assis sur un banc.
7. Ils se sont enrichis.
8. Elles se sont observées de loin.
9. Il s'est coupé avec un couteau pointu.
10. L'opéra s'est vidé peu à peu.
11. Ils se sont rencontrés en mars.
12. La porte s'est ouverte brusquement.
13. Vous vous êtes embrassé(e)s devant la fontaine.
14. La bougie s'est éteinte.
15. Vous vous êtes dit bonjour.
16. La situation politique s'est envenimée.
17. Il s'est éclipsé tout de suite après sa conférence.
18. La fenêtre s'est refermée d'un seul coup.
19. Nous nous sommes opposé(e)s à sa décision.
20. Tu t'es plié(e) à ses exigences.

4-5

1. Elle ne peut pas se fier à son voisin.
2. J'ai décidé de m'en aller.
3. Nous nous souvenons de notre jeunesse.
4. Il s'est rendu compte / aperçu qu'il y avait une erreur dans l'addition.
5. Fie-toi à moi.
6. Il s'est emparé de son sac.
7. Avec le vent, son journal s'est envolé.
8. Le soir, tu t'écroules toujours devant la télé.
9. Taisez-vous!
10. Nous nous sommes presque évanouis quand nous avons vu la facture de téléphone.

4-6

1. Agnès et Fabien se sont rencontrés à une soirée à Paris.
2. Il s'est arrêté devant une boulangerie.
3. Aurélien s'est réveillé à l'aube.
4. Blaise se cachait derrière un rocher.
5. Préparez-vous!
6. Nous nous promenons le long de la Seine.
7. Nadir se reposait sous un arbre.
8. Ils s'écrivent tous les jours.
9. La situation économique ne s'améliore pas.
10. À quelle heure se lève-t-elle le matin?
11. Nous nous marierons l'année prochaine.
12. Ils se disputaient sans cesse.
13. Elle s'est coupée avec un verre cassé.
14. Ça ne se dit pas en public.
15. Maxime se douche avant de se coucher.
16. L'acteur se maquille avant le spectacle.
17. Comment s'appelle-t-il?
18. Elle s'est évanouie quand elle a vu le fantôme.
19. Il se plaint toujours.
20. Réveillez-moi à six heures!

Unit 5   Direct Object Pronouns

5-1

1. les	11. l'
2. l'	12. la
3. les	13. le
4. l'	14. le
5. le	15. la
6. les	16. la
7. les	17. le
8. les	18. les
9. le	19. l'
10. l'	20. la

5-2

1. Est-ce que Chloé le parle bien?
2. Les aime-t-il?
3. Le prends-tu pour aller au travail?
4. Est-ce que le chien d'Éric l'aime?
5. La prenez-vous?
6. Les fais-tu le samedi?
7. Est-ce que Julie l'aime?
8. Les préparons-nous cet après-midi?
9. La cherchez-vous toujours?
10. Le regardent-ils le dimanche?
11. Est-ce que vous l'attendez depuis longtemps?
12. Vous l'écoutez?
13. Les prends-tu?
14. Est-ce qu'elles les passent en Alsace?
15. Le faites-vous tous les jours?
16. Les apprenez-vous par cœur?
17. Est-ce qu'Antoine le passe en juin?
18. Tu les commandes en entrée?
19. Est-ce que Sara le visite régulièrement?
20. La suivez-vous?

5-3

1. Ils ne la critiquent pas.
2. Elle ne les réunit pas une fois par an.
3. Théo ne les change jamais de place.
4. Vous ne les connaissez pas.
5. Il ne le fait pas chaque semaine.
6. Armelle ne la refuse pas.
7. Émilie ne l'achète pas.
8. Il ne les oublie jamais.
9. Elle ne l'apprend pas.
10. Nous ne les prenons pas.
11. Vous ne les essayez pas.
12. Tu ne les regardes pas.
13. Elle ne le demande pas.
14. Ils ne la vendent pas.
15. Je ne les choisis pas.
16. Ils ne le voient pas.
17. Il ne les remercie pas.
18. Emmanuel ne la prend pas.
19. Vous ne la savez pas.
20. Tu ne le manges pas.

5-4

1. Demandez-la!
2. Ne la suivez pas!
3. Ne la vends pas!
4. Achète-le!
5. Prends-les!
6. Ne la déplace pas!
7. Donnez-les!
8. Montrez-les!
9. Ne les choisissez pas!
10. Regarde-le!
11. Ne l'oublie pas!
12. Fais-la avant son retour!
13. Ne le change pas!
14. Explique-le à Stéphanie!
15. Apporte-le!
16. Ne les mange pas!
17. Laisse-la sur le comptoir de la cuisine!
18. Sers-la!
19. Ne le mets pas!
20. Envoie-le avant jeudi!

5-5

1. Donne les pâtisseries à ta sœur! Donne-les à ta sœur!
2. Copiez ces phrases sur ce carnet! Copiez-les sur ce carnet!
3. Faites les réservations pour demain soir! Faites-les pour demain soir!
4. N'achetez pas les fleurs au coin de la rue! Ne les achetez pas au coin de la rue!
5. Ne mangez pas ce poulet! Ne le mangez pas!
6. Ne prenez pas mon imperméable! Ne le prenez pas!
7. Fais tes devoirs! Fais-les!
8. Ne fais pas tes devoirs dans l'autobus! Ne les fais pas dans l'autobus!
9. Écrivez votre nom sur ce papier bleu! Écrivez-le sur ce papier bleu!
10. Fais le ménage! Fais-le!
11. Choisissez les plus belles fleurs pour la soirée! Choisissez-les pour la soirée!
12. Apprenez le chinois! Apprenez-le!
13. N'achetez pas ces lampes! Ne les achetez pas!
14. Ne vendez pas votre bicyclette! Ne la vendez pas!
15. Paul, n'oublie pas l'anniversaire de ton ami. Paul, ne l'oublie pas!
16. Écoute ce programme à la radio! Écoute-le!
17. Montrez le livre à votre frère! Montrez-le à votre frère!
18. Invite Cécile à la soirée! Invite-la à la soirée!
19. Commandez cet ordinateur! Commandez-le!
20. Apportez vos photos de France! Apportez-les!

5-6

1. Ludovic l'avait perdue.
2. Ils l'ont lue.
3. L'as-tu vue.
4. L'aurait-il achetée?
5. Aude les a prises en septembre.
6. Nous les avons préparés.
7. À un très jeune âge, il l'avait lue.
8. L'aura-t-il finie avant la mi-mai?
9. Nous les avons reçues.
10. Angèle les a ouvertes.
11. Tu les avais cueillies.
12. Clément les a mises sur le bureau.
13. Les touristes l'ont prise en photo.
14. Le comité l'a approuvée.
15. Le président l'a faite.
16. Sonia les aura gagnées.

17. Nous les avions obtenues.
18. Ils les ont crues.
19. Alexandre les a créées.
20. Je ne les aurais jamais imaginées.

5-7

1. Marie a acheté les fleurs pour sa sœur. Marie les a achetées pour sa sœur.
2. Elle a gagné le prix pour son essai. Elle l'a gagné pour son essai.
3. Laurent a apporté les meilleures bouteilles de vin pour la soirée. Laurent les a apportées pour la soirée.
4. Vous n'avez pas compris le problème. Vous ne l'avez pas compris.
5. L'étudiant a-t-il corrigé ses devoirs? L'étudiant les a-t-il corrigés?
6. Elle a trouvé la boulangerie sans difficulté. Elle l'a trouvée sans difficulté.
7. Pourquoi n'a-t-il pas nettoyé l'appartement? Pourquoi ne l'a-t-il pas nettoyé?
8. La guerre a détruit la ville en un jour. La guerre l'a détruite en un jour.
9. Le pharmacien a donné les médicaments à Laura. Le pharmacien les a donnés à Laura.
10. Mes amis ont visité le musée cet après-midi. Mes amis l'ont visité cet après-midi.
11. Il a acheté la maison de Robert à Lyon. Il l'a achetée.
12. Elle a pris ses vacances en Turquie. Elle les a prises en Turquie.
13. Luc a lu l'article ce matin. Luc l'a lu ce matin.
14. L'avocat a préparé les documents. L'avocat les a préparés.
15. Mélanie a laissé le stylo sur son bureau. Mélanie l'a laissé sur son bureau.
16. Il a gagné le marathon. Il l'a gagné.
17. Elle a approuvé la décision de Patrick. Elle l'a approuvée.
18. Les touristes espagnols ont acheté le meilleur plan de Paris. Les touristes espagnols l'ont acheté.
19. J'ai mis les gants d'Henri. Je les ai mis.
20. Il a retrouvé le billet de 50 euros qu'il avait perdu. Il l'a retrouvé.

5-8

1. J'aime regarder la vue de cette fenêtre. J'aime la regarder.
2. André a payé le vin hier soir. André l'a payé hier soir.
3. Hubert attend-il le train? Hubert l'attend-il?
4. Demandez à Jean les directions pour aller à l'hôtel! Demandez-les à Jean!
5. Je dois chercher mes clés. Je dois les chercher.
6. Écoutez la radio en conduisant! Écoutez-la en conduisant!
7. Regardez cet horrible chapeau! Regardez-le!
8. Attendez Guillaume! Attendez-le!
9. François écoute sa musique favorite chaque soir. François l'écoute chaque soir.
10. La petite fille cherchait le chat sous le lit. La petite fille le cherchait sous le lit.
11. Daniel attend les résultats. Daniel les attend.
12. Regarde les vaches! Regarde-les!
13. N'écoutez pas son discours! Ne l'écoutez pas!
14. Je cherche ma montre. Je la cherche.
15. Claire a payé le billet. Claire l'a payé.
16. Attendez-vous votre client? L'attendez-vous?
17. Regardons les documents! Regardons-les!
18. Je vais faire payer cette erreur à Raoul! Je vais la faire payer à Raoul!
19. Les journalistes attendent le Premier ministre. Les journalistes l'attendent.
20. Regardent-ils les bateaux? Les regardent-ils?

5-9

Où est-ce que Caroline a mis les clés de sa voiture? Elle ne peut les trouver nulle part.
Elle les cherche sur son bureau, dans ses poches et sur la table près de la porte. "Est-ce que
je les ai laissées dans la cuisine?" pense-t-elle. Caroline demande à son fils s'il sait où elles sont,
mais il ne l'écoute pas. Malheureusement, elle ne les retrouvera jamais. Son fils les a cachées
dans un placard parce qu'il ne veut pas aller à l'école. Il n'aime pas l'école, c'est tout. Il préfère
passer son temps à la gare à attendre les trains et à les regarder. Pauvre Caroline!

Unit 6 Indirect Object Pronouns

1. Jean leur raconte son aventure.
2. Sa présentation ne lui plaît pas.
3. Stéphanie leur pose la question.
4. Ils leur résistent.
5. Vous lui prêtez ce livre.
6. Les employés lui désobéissent.
7. On leur offre du chocolat.
8. L'enseignant lui a expliqué la leçon.
9. Il lui donne les billets d'avion.
10. Mathis lui prête de l'argent.
11. Elle leur dit bonjour.
12. Elle lui présente une nouvelle idée.
13. Charlotte lui envoie un courriel.
14. Le guide leur recommande un bon restaurant.
15. Jacques lui rend visite.
16. Je lui fais un cadeau.
17. Vous lui apportez des fleurs.
18. Nous leur écrivons une lettre.
19. Elle leur laisse un message.
20. Julien lui vend sa voiture.

6-2

1. Est-ce qu'elle lui offre un ordinateur?
2. Leur fournissent-ils des renseignements?
3. Il ne leur consacre pas assez de temps.
4. Lui écrivez-vous souvent?
5. Gérard ne lui transmet pas le message.
6. Lui adressez-vous le patient?
7. Leur proposez-vous quelque chose de nouveau?
8. Elle lui envoie une lettre.
9. Le directeur ne leur délègue pas la moindre tâche.
10. Vous leur dites bonjour tous les matins?
11. Marie ne lui dévoile jamais ses secrets.
12. Lui parlez-vous quelquefois?
13. Lui permet-il de partir plus tôt le soir?
14. Ils ne lui mentent presque jamais.
15. Mélissa ne lui présente pas le projet.
16. Est-ce que le directeur leur remet les diplômes?
17. Amélie ne lui emprunte pas d'argent.
18. Aurélie ne leur révèle jamais rien.
19. Lui soumet-il les problèmes?
20. Leur envoyez-vous des cartes postales?

6-3

1. Pose-lui la question!
2. Ne lui emprunte pas d'argent!
3. Apporte-lui des magazines!
4. Rendez-lui ces livres avant la fin de la semaine!
5. Téléphone-lui!
6. Ne lui envoyez pas le dossier avant jeudi!
7. Ne lui raconte pas cette histoire!
8. Offre-leur des bonbons!
9. Consacre-lui plus de temps!
10. Transmets-lui mes amitiés!
11. Ne lui dites rien!
12. Proposez-lui autre chose!
13. Ne lui permets pas d'utiliser cet appareil!
14. Ne leur révélez rien avant la confirmation!

15. Envoyez-leur votre nouveau logiciel!
16. Parlez-lui de vos produits haut de gamme!
17. Donne-leur moins de conseils!
18. Communiquez-leur cette information!
19. Ne lui fournis pas tant de renseignements!
20. Remettez-lui le document en mains propres.

6-4

1. m'ont offert
2. leur a dit
3. m'a demandé
4. ne t'a pas donné
5. m'avez téléphoné
6. t'avons demandé
7. t'ai répondu
8. nous a relaté
9. m'a écrit
10. lui a vendu
11. leur avons transmis
12. nous a soumis
13. t'ai dédié
14. nous as communiqué
15. m'a parlé
16. t'a répondu
17. nous a parlé
18. vous ont fourni
19. m'a raconté
20. nous as rapporté

6-5

1. Lui avez-vous posé cette question?
2. Elle m'a donné une réponse bizarre.
3. Emma nous a emprunté dix livres.
4. Donnez-nous plus de temps!
5. Il ne m'obéit jamais.
6. Ne lui vendez pas cette chaise!
7. Cette montre t'appartient.
8. Téléphonez-lui!
9. Écrivez-leur une lettre!
10. Elle l'a vendu à mon ami.
11. Ne lui prête pas ce CD!
12. Il m'a donné cette bague.
13. Il m'a raconté une merveilleuse histoire.
14. Je leur téléphonerai ce soir.
15. Il nous révélera son secret.
16. Dites-lui de vous donner un emploi.
17. Juliette lui a-t-elle écrit une lettre?
18. Ils ont soumis une proposition intéressante.
19. Elle ne nous a jamais répondu.
20. Écrivez-moi!

6-6

1. d'elle
2. de lui
3. de lui
4. à lui
5. d'eux
6. à elle
7. d'elle
8. de lui
9. à elle
10. d'elle

6-7

1. Ils nous manquent.
2. Est-ce que son nouveau livre t'a plu?
3. Elle me manque.
4. Tu nous as manqué hier soir.
5. La pièce ne m'a pas plu.
6. Je suis sûre que ce film italien lui plaira.
7. Son sourire me manque.
8. Est-ce qu'il te plaît?
9. Est-ce que son nouveau blouson en cuir te plaît?
10. Son sens de l'humour lui manque.

Unit 7   The Pronouns *y* and *en*

7-1

1. Chloé s'y intéresse.
2. Luc s'y habitue.
3. N'y touchez pas.
4. Je m'y intéresse.
5. Elle y tient.
6. Il y obéit.
7. Le ministre y répond.
8. Elle y pense.
9. Simone y rêve.
10. Il y remédie.
11. Elle s'y attache facilement.
12. Nous nous y accoutumons.
13. Le président de la société y renonce.
14. Tu y penses.
15. Vous y songez.
16. Ils y ont goûté.
17. Lucie y fait attention.
18. Il s'y adresse.
19. Il s'y fie.
20. Les étudiants n'y font pas toujours attention.

7-2

1. Marc ne s'y est jamais habitué.
2. Anne y avait renoncé.
3. Nous nous y sommes intéressés.
4. Ils y ont obéi.
5. Laure n'y a pas touché.
6. Nous nous y étions attachés.
7. Claude y pensait avec nostalgie.
8. Vous n'y avez jamais répondu.
9. Il y aura remédié d'ici la fin de la semaine.
10. Tu n'y as pas goûté?
11. Elle ne s'y serait jamais accoutumée.
12. Il n'y a pas fait attention.
13. Elle ne s'y intéressait pas.
14. J'y rêvais.
15. Nous y avons réfléchi.
16. Elle y croyait.
17. Ils y tenaient.
18. Ils y ont réfléchi.
19. Y avez-vous pensé?
20. Laurent y répondait rarement.

7-3

1. Faites-y attention!
2. Répondez-y!
3. Il ne s'y intéresse pas.
4. Elle ne s'y habituera jamais.
5. N'y touchez pas!
6. Ils y pensent sérieusement.
7. Elle y rêve.
8. Il s'y attache.
9. Tu y as goûté?
10. N'y pensez pas!

7-4

1. L'autocar s'en approche lentement.
2. Les passagers en ont envie.
3. Ils en parlent.
4. Je m'en occupe.
5. Adrienne en est ravie.
6. Les consommateurs en ont besoin.
7. Elle ne s'en souvient pas.
8. Charlotte en a peur.
9. Maud s'en sert.
10. Vincent s'en souvient.
11. Elle s'en passe difficilement.
12. Ils en profitent.
13. Elle s'en charge.
14. Tante Odile s'en débarrasse.
15. On s'en fatigue.
16. J'en ai l'intention.
17. En avez-vous envie?
18. Vous en souvenez-vous?
19. En parlerons-nous?
20. Le petit Édouard en a peur.

7-5

1. Il s'y intéresse.
2. Elle y répond.
3. J'en ai envie.
4. J'y crois.
5. Il y a renoncé.
6. Ils y pensent.
7. Il en parlera.
8. Ils y obéissent.
9. Elle s'y habitue.
10. Il s'en souvient.

7-6

1. Je ne m'y accoutume pas.
2. Je n'y ai pas réfléchi.
3. Je n'en ai pas l'intention.
4. Je ne m'y suis pas adressé.
5. Elle ne s'en occupe pas.
6. Je n'y ai pas goûté.
7. Il n'en a pas peur.
8. Il n'y a pas remédié.
9. Je n'y ai pas pensé.
10. Ils ne s'en sont pas chargés.

7-7

1. Je m'en souviens très bien.
2. Ils en parlent.
3. Elle ne s'y intéresse pas.
4. Nous en avons besoin.
5. Je n'en ai pas envie.
6. Y avez-vous goûté?
7. Je ne m'en sers pas.
8. Je n'y ai pas pensé.
9. En ont-ils peur?
10. S'y habitue-t-elle?
11. Qui s'en occupe?
12. Claire s'en est occupée.
13. Y croyez-vous?
14. Vous en êtes-vous souvenu?
15. En avait-il peur?
16. Vous vous en êtes débarrassé?

17. Ils y goûteront.
18. Il s'en passera.
19. En avez-vous envie?
20. Elle n'y croit pas.

7-8

1. Nous en mangeons beaucoup.
2. Elle en a deux.
3. J'en voudrais une demi-livre.
4. J'en utilise plusieurs.
5. Ils en veulent deux.
6. Frédéric leur en a donné un.
7. Ils en construisent un entre les deux îles.
8. Les étudiants en ont visité beaucoup.
9. Elle n'en avait pas assez quand elle était à l'université.
10. Donnez-en un à votre voisin!
11. En avez-vous besoin de tant?
12. Elle en a un.
13. Il en possède plusieurs en Europe.
14. Ils en ont commandé un seul.
15. Elle en doit une à sa sœur.
16. Bertrand en a raconté une aux enfants.
17. L'écrivain n'en a écrit qu'une seule.
18. J'en ai vu trois dans le jardin.
19. Il en a mangé une.
20. Ils en ont accepté plusieurs pour le même jour.

7-9

1. J'en ai besoin d'un.
2. Elle en a écrit dix.
3. Ils en ont acheté une.
4. J'en achèterai deux.
5. L'entreprise en a commandé dix.
6. Il en possède un.
7. Ils en veulent douze.
8. Elle en prend trois par jour.
9. J'en ai trouvé un.
10. Il en a envoyé un à sa mère.

Unit 8   Order of Pronouns

8-1

1. Elle me les envoie.
2. Nous vous les communiquons.
3. Il te l'explique.
4. Nous vous les emprunterons.
5. Je te la poserai à la réunion.
6. Tu nous les rapporteras.
7. Elle nous l'a servi.
8. Marielle te la léguera.
9. Grand-mère te l'a offert.
10. Tu me le donnes?
11. Est-ce que vous nous le montrerez?
12. Le serveur me l'apporte.
13. Le technicien nous l'installe.
14. Je vous l'expédierai lundi matin.
15. Elle nous l'annoncera le week-end prochain.
16. Tu me le prêtes.
17. Vous ne nous l'envoyez jamais.
18. Je vous les montrerai.
19. Nous vous la donnons.
20. Pourquoi est-ce que tu nous les envoies toujours en retard?

8-2

1. Elle les lui donne.
2. Je la leur montre.
3. Vous les lui envoyez.
4. Ils la leur racontent.
5. Je la lui enverrai.
6. Tu ne le lui prêtes jamais.
7. Elles la lui disent.
8. Elle le leur sert.
9. Je le lui laisse.
10. Tu les leur poses.
11. Elle les leur vend.
12. Ils la lui emprunteront.
13. Nous le leur demandons.
14. Le médecin le lui prescrit.
15. Le chef le leur recommande.
16. Elle la leur conseille.
17. Je la lui décris.
18. Le chroniqueur les lui relate.
19. Le diplomate la leur préconise.
20. Vous la lui adressez.

8-3

1. Il la lui a écrite.
2. Vous me les avez transmises.
3. Tu nous l'avais expliquée en détail.
4. Elle me les a rapportées du Maroc.
5. Elle nous les a installés sur notre ordinateur.
6. Ils ne les lui avaient pas envoyées à la bonne date.
7. Il la leur a versée.
8. Elle nous les a faites.
9. Il ne la lui a pas léguée.
10. Tu les lui auras donnés.
11. Elle te l'a servie.
12. Pourquoi ne les lui as-tu pas prêtés?
13. Vous ne nous l'avez pas envoyée.
14. Je la leur ai annoncée avec du retard.

15. Tu la lui as laissée.
16. Pourquoi ne la leur as-tu pas fait visiter?
17. Vous la leur avez vendue.
18. Tu nous l'as décrite.
19. Ils la lui ont adressée.
20. Elle ne nous les a pas racontées.

8-4

1. Racontez-le-nous!
2. Ne la lui envoyez pas!
3. Montrez-le-moi!
4. Ne les lui prêtez pas!
5. Adressez-les-lui!
6. Apportez-nous-en!
7. Ne m'en parlez pas!
8. Ne la lui donnez pas!
9. Ne lui en donnez pas!
10. Montrez-la-nous!
11. Pose-la-lui!
12. Expliquez-la-leur!
13. Ne lui en empruntez pas!
14. Demandez-lui-en!
15. Envoyez-la-leur!
16. Pardonnez-les-lui!
17. Indiquez-le-lui!
18. Décris-la-nous!
19. Ne la lui vends pas!
20. Souviens-t'en!

8-5

1. Le juge la lui explique.
2. Il les leur communique.
3. Vous la leur servez en entrée.
4. L'avocat me les remet.
5. Raconte-la-nous!
6. Ils la lui ont envoyée.
7. Rends-les-moi!
8. Ne lui en parle pas!
9. Elle les sert avec une élégance sans pareille.
10. Arrête de le remuer! C'est agaçant!
11. Envoie-les-lui!
12. Elle nous l'a dépeint.
13. Rapporte-le-moi!
14. Verse-m'en!
15. Transmets-les-leur!
16. Achète-la-lui!
17. Expliquez-les-lui!
18. Cache-la-lui pour ne pas le froisser!
19. Ne le leur révèle pas!
20. Nous vous l'avons envoyé avant-hier.

8-6

1. Ne le lui dis pas avant lundi!
2. Je le leur ai déjà expliqué.
3. Envoie-les-moi!
4. Donne-m'en trois!
5. Il me l'a prêté la semaine dernière.
6. Pourquoi le lui as-tu envoyé?
7. Elle nous a parlé de son voyage en Chine.
8. Notre entreprise nous les a vendus.
9. Il nous les a montrés.
10. Achète-m'en!

11. Lucie ne les lui a pas empruntés.
12. Il nous l'a révélé.
13. Il nous l'a envoyé.
14. Ne m'en parle pas!
15. Je te le vendrai si tu veux.
16. Ne lui emprunte pas d'argent! Jamais!
17. Demande-lui l'addition!
18. Elle nous a légué sa fortune.
19. Rends-le-moi!
20. Ne les lui remets pas!

Unit 9   **Pronouns Used with Two Verbs**

9-1

1. Je vais en acheter un au Maroc.
2. Nous venons de les changer.
3. Ils viennent de la répéter.
4. Vous allez le demander.
5. Ils vont les toucher.
6. Elle va le choisir pour sa fille.
7. Tu viens de le visiter.
8. Elle va la redécorer.
9. Le gouvernement va les augmenter.
10. Marie va les faire ce soir.
11. Il vient de la vendre.
12. On va la faire en trois jours.
13. Ils vont leur rendre visite.
14. Je viens de le lui recommander.
15. Ils viennent de l'engager.
16. Vous allez le faire pendant l'été.
17. Nous venons de l'élire.
18. Tu vas les comprendre.
19. Tu viens de le recevoir.
20. Elle vient de l'achever.

9-2

1. Ils espèrent la gagner.
2. Nous préférons l'acheter.
3. Inès ne veut pas l'inviter.
4. Karine sait les convaincre.
5. Le médecin espère le guérir.
6. L'épicier compte la vendre d'ici ce soir.
7. Le coiffeur veut lui proposer une autre coupe.
8. Pourrait-elle le contacter?
9. Il ne veut pas s'y opposer.
10. Ils ne savent pas l'utiliser.
11. Tu ne peux pas l'imaginer.
12. Ils doivent les payer.
13. Ils pensent l'annuler.
14. Vous espérez le voir cet été.
15. Voulez-vous l'engager?
16. Ils ne savent pas les persuader.
17. Je désire la découvrir.
18. Il veut lui répondre d'ici demain.
19. Le journaliste espère le finir ce soir.
20. Ne deviez-vous pas leur téléphoner?

9-3

1. Je l'écoute parler.
2. Nous les laissons jouer dans le parc.
3. Didier la regarde tomber.
4. Romain la voyait disparaître.
5. Sabine l'a envoyé acheter du fromage.
6. M. Duvallois l'a entendu se plaindre.
7. Hervé l'a écouté chanter.
8. Diane le laissera s'occuper de ses dossiers.
9. La sage-femme l'écoute battre.
10. Les investisseurs l'ont vu tomber.
11. Maud l'a envoyé chercher du pain.
12. Ils les voient quitter le quartier.
13. Alex le laisse sauter sur le lit.
14. Jérôme la regarde perdre le match.
15. Hughes l'entend pleurer.

16. Les Dubois les laissent organiser le voyage.
17. Le couturier les regarde défiler.
18. Le chef le regarde préparer la sauce.
19. Le colonel les envoie explorer le territoire.
20. Je la regarde se maquiller.

9-4

1. Mélanie la fait réparer.
2. Bertrand l'a fait laver.
3. Le parfumeur les fait remplir.
4. Le clown les fait rire.
5. Le directeur la fait visiter.
6. Le chorégraphe les fait changer.
7. Caroline les fait repasser.
8. L'avocate les fait signer.
9. Mathieu en fera envoyer.
10. Le bruit l'a fait sursauter.
11. Ce médicament le faisait dormir.
12. Elle n'en a jamais fait faire.
13. Il les fait espionner.
14. Mme Loret en fait installer une autre.
15. Ils ne l'ont jamais fait repeindre.
16. Ne les faites lire à personne.
17. Elle le fera suivre pendant ses vacances.
18. Le chef l'a fait hacher.
19. Elle en fait bouillir.
20. Ne la faites pas macérer trop longtemps.

9-5

1. Il semble mieux le connaître.
2. Nous devons tout leur expliquer.
3. Il voulait tout lui donner.
4. J'aurais aimé mieux l'informer.
5. Il a admis ne rien en savoir.
6. Je préfère ne pas trop leur en donner.
7. Ils semblent mieux vous comprendre.
8. Je jure lui avoir tout donné.
9. Je dois tout leur laisser.
10. Il a admis avoir tout mangé.

9-6

1. Ils ne veulent pas les respecter.
2. Les experts pensent y parvenir.
3. Ils voudraient le contacter.
4. Nous l'avons fait construire.
5. Marc a déclaré ne pas le connaître.
6. La chanteuse saura le séduire.
7. Elle vient de s'y abonner.
8. Ils ne peuvent pas s'y habituer.
9. Ces parents les laissent courir partout.
10. Il souhaite en adopter un.
11. Nous allons en réserver pour le spectacle.
12. Vous espérez lui rendre visite cet été.
13. Mathilde veut le faire raccourcir.
14. Jean l'a fait décongeler.
15. Pourra-t-on en acheter à l'avance?
16. Quand vont-ils la prendre?
17. Le président va le nommer.
18. Elle l'a vu pleurer.
19. Elle les a fait faire par un artisan.
20. Je regarde le chef la farcir.

Unit 10   Interrogative Pronouns

10-1
1. À qui avez-vous donné votre dictionnaire?
2. Avec qui êtes-vous parti en vacances?
3. Chez qui avez-vous rencontré Hervé?
4. De qui avez-vous parlé?
5. À qui avez-vous téléphoné?
6. Pour qui avez-vous travaillé tout l'été?
7. Sur qui pouvez-vous compter?
8. En qui pouvez-vous avoir confiance?
9. Avec qui parlez-vous tous les jours?
10. Chez qui aimez-vous passer les fêtes?

10-2
1. À quoi pense-t-il?
2. Avec quoi écrit-elle?
3. À quoi s'intéressent-ils?
4. En quoi est la table?
5. À quoi rêve-t-il?
6. À quoi sert cet appareil?
7. De quoi parlent-ils?
8. Avec quoi tricote-t-elle?
9. De quoi s'approche-t-elle?
10. Pour quoi travaille-t-il?

10-3
1. Qui est-ce qui est arrivé hier?
2. Avec qui est-ce que tu dînes demain?
3. Qui est-ce que vous avez engagé?
4. En qui est-ce que vous avez confiance?
5. Chez qui est-ce qu'ils vont demain soir?
6. De qui est qu'ils parlent?
7. À qui est-ce que vous vous adressez?
8. Qui est-ce que tu as vu dans le quartier?
9. Qui est-ce qu'il a persuadé?
10. Avec qui est-ce qu'il s'est marié?

10-4
1. Qu'est-ce qu'il veut pour son anniversaire?
2. Qu'est-ce qu'ils font?
3. Qu'est-ce qui est arrivé?
4. Avec quoi est-ce que Karim travaille?
5. À quoi est-ce que vous pensez?
6. De quoi est-ce qu'elle a parlé?
7. Qu'est-ce que vous regardez?
8. En quoi est-ce que c'est?
9. À quoi est-ce qu'il s'habitue?
10. Qu'est-ce que vous préparez pour la réception?

10-5
1. Qu'est-ce que
2. Qu'est-ce qui
3. Qu'est-ce que
4. À qui est-ce qu'
5. Qui est-ce que
6. Qu'est-ce que
7. Que
8. Avec qui est-ce que
9. Sur qui
10. À quoi
11. En quoi
12. À quoi
13. De quoi est-ce qu'

14. À qui
15. Avec qui
16. De quoi
17. Qu'est-ce que
18. À qui
19. Avec qui
20. Qu'est-ce que

10-6

1. lesquels
2. lequel
3. Duquel
4. Auquel
5. à laquelle
6. Duquel
7. À laquelle
8. laquelle
9. auquel
10. à laquelle
11. Lequel
12. Laquelle
13. Desquels
14. Lesquels
15. Lesquelles
16. Lequel
17. laquelle
18. lesquels
19. auquel
20. Auquel

10-7

1. Lequel de ces savons préfères-tu?
2. J'ai acheté deux brioches. Laquelle veux-tu?
3. Ce metteur en scène a fait beaucoup de films. Lequel est ton favori?
4. Tu as parlé avec plusieurs agents de voyages. Avec lequel feras-tu tes réservations?
5. Elle a besoin de certains de ces documents. Desquels a-t-elle besoin pour demain?
6. Quelles belles fleurs! Lesquelles poussent le mieux dans ce climat?
7. Ils s'abonnent à un journal. Auquel s'abonnent-ils?
8. De ces deux équipes de football, laquelle gagnera?
9. Mes collègues ont proposé plusieurs projets. Lequel est le meilleur?
10. Vous regardez les lunettes. Lesquelles voulez-vous essayer?

10-8

1. Qui est parti à quinze heures?
2. Que veut-il?
3. Avec quoi est-ce que vous avez écrit ce message?
4. À qui est-ce qu'elle a téléphoné quand elle est arrivée?
5. À quoi pensez-vous?
6. Pour qui est-ce qu'elle travaillait?
7. Avec qui est-ce que vous avez voyagé au Maroc?
8. Qui est-ce qui va créer le site Web pour votre entreprise?
9. Qui as-tu rencontré au concert?
10. Qu'est-ce que tu as étudié à l'université?
11. Qui a fait ce dessert délicieux?
12. Qu'est-ce qu'elle a vu au musée?
13. Qu'est-ce qu'ils ont fait le week-end dernier?
14. Qu'est-ce qui s'est passé hier soir?
15. Qu'est-ce qui se passe?
16. À qui vas-tu donner cette montre en argent?
17. Avec qui est-il allé au concert?
18. Qui a écrit ce poème sur le mur?
19. Qu'est-ce qui caractérise la cuisine dans cette région de France?
20. À qui parles-tu?

Unit 11   Indefinite Pronouns

11-1

1. quelque chose
2. Quelqu'un
3. quelqu'un
4. quelque chose de
5. quelque chose d'
6. quelqu'un de
7. quelque chose
8. quelqu'un de
9. quelque chose
10. quelqu'un de

11-2

1. Ils ont commandé quelque chose de bon.
2. Elle a choisi quelque chose de cher.
3. Nous avons invité quelqu'un de très important.
4. Quelqu'un de gentil nous a accueillis.
5. Quelque chose d'inhabituel s'est passé ce soir-là.
6. Contacteras-tu quelqu'un de célèbre à Paris?
7. Il veut manger quelque chose de sucré.
8. Avez-vous trouvé quelque chose de bon marché dans le magasin?
9. Quelque chose de merveilleux t'arrivera.
10. Il lit quelque chose de difficile.

11-3

1. Chacun a reçu une médaille d'or.
2. Tout était merveilleux.
3. Plusieurs d'entre eux mangeaient dans la cuisine.
4. —Où voulez-vous aller? —Nulle part.
5. Plusieurs d'entre eux travaillent dans cette usine.
6. Certains étaient pauvres, d'autres étaient riches.
7. —Où sont tes clés? —Quelque part dans la maison.
8. N'importe qui peut le faire.
9. Elle peut faire n'importe quoi.
10. Chacune avait un instrument différent.

Unit 12　Possessive Pronouns

12-1

1. la sienne
2. Le mien
3. les vôtres
4. La leur
5. Le nôtre
6. Le vôtre
7. les siens
8. Le sien
9. Les tiennes
10. La vôtre
11. les siens
12. Le sien
13. La tienne
14. Les vôtres
15. Le tien
16. Les nôtres
17. Les leurs
18. Le mien
19. Les siennes
20. La sienne

12-2

1. La vôtre, La mienne
2. Les nôtres, Les leurs
3. Le sien, Le tien
4. Les leurs, Les siennes
5. Les tiens, Les leurs
6. Le mien, Le tien
7. La sienne, La mienne
8. La tienne, La leur
9. Le vôtre, Le sien
10. La leur, La mienne
11. Le sien, Le tien
12. Les leurs, Les nôtres
13. Les vôtres, Les leurs
14. Les tiens, Les miens
15. Les leurs, Les nôtres
16. Le leur, Le vôtre
17. Le sien, Le tien
18. Les tiens, Les siens
19. Le tien, Le mien
20. Le leur, Le sien

12-3

1. Mon ami travaille à Paris mais le sien travaille à Fontainebleau.
2. Notre famille aime la Normandie, la vôtre préfère la Côte d'Azur.
3. Sa femme va au travail en voiture, la mienne prend l'autobus.
4. Leur fille étudie l'italien, la nôtre étudie le chinois.
5. Ses tableaux sont laids, les vôtres sont beaux.
6. Ses livres sont toujours plus intéressants que les leurs.
7. Cet imperméable est plus élégant que le sien.
8. Ma maison est plus grande que la leur mais la leur était moins chère que la mienne.
9. Ton chat n'est pas aussi gentil que le sien mais le sien dort plus que le tien.
10. Nos marques sont moins chères que les leurs et nos produits de base sont meilleurs que les leurs.
11. C'est ma vie, pas la tienne!
12. C'est son problème, pas le nôtre!
13. Votre imprimante marche mieux que la mienne.
14. Son emploi du temps est pire que le mien.

15. Votre bureau est plus grand que le nôtre.
16. Sa veste en cuir est plus jolie que les nôtres.
17. Vos enfants sont plus âgés que les miens.
18. Son témoignage était plus émouvant que le leur.
19. Vos voisins font moins de bruit que les siens.
20. Son frère gagne plus d'argent que le mien.

12-4

1. Le sien
2. La nôtre
3. Le leur
4. Le sien
5. Les vôtres
6. Le tien
7. La tienne
8. La vôtre
9. La leur
10. Les leurs
11. La mienne
12. La mienne
13. La vôtre
14. Le sien
15. La nôtre
16. Les nôtres
17. Les leurs
18. La vôtre
19. La leur
20. La sienne

12-5

1. Cet oiseau est à elle.
2. Cet avion est à eux.
3. Ce miroir est à moi.
4. Cette bouteille d'eau est à toi.
5. Ces chaussures sont à vous.
6. Ces baguettes sont à eux.
7. Cette soupe est à vous.
8. Ce portefeuille n'est pas à moi.
9. Cette voiture n'est pas à nous.
10. Cette chambre est à moi, pas à toi!
11. Ces clés sont à nous.
12. Ce roman n'est pas à moi.
13. Tout ce courrier est à elle.
14. Cette veste verte est à toi?
15. Ces deux tasses ne sont pas à nous.
16. Ce carnet noir est-il à elle?
17. Ce piano est à elle, pas à toi!
18. Ce flacon de parfum est à elle.
19. Cette recette est à lui.
20. Ce journal n'est pas à moi.

12-6

1. c
2. b
3. a
4. c
5. a

Unit 13 Numbers as Pronouns

13-1

1. —Combien de montres as-tu? —J'en ai trois.
2. —Combien de journaux lisez-vous chaque jour? —J'en lis deux.
3. Elle a deux oiseaux. Il en a cinq.
4. Il a cassé un verre. Son frère en a cassé trois.
5. —Combien de valises avez-vous? —J'en ai deux.
6. J'ai un tableau de ce peintre haïtien. Il en a cinq.
7. —Combien d'invités y avait-il à la soirée? —Il y en avait cinquante.
8. Elle a acheté une robe. Sa sœur en a acheté trois.
9. Il connaît tous les habitants de l'île. Elle n'en connaît qu'un ou deux.
10. —Combien de pellicules avez-vous? —J'en ai dix.

13-2

1. le neuvième
2. le dixième
3. le premier
4. le deuxième
5. le cinquième
6. le troisième
7. le quatrième
8. le septième
9. le sixième
10. le huitième

13-3

1. Son premier film était meilleur que son dernier.
2. —Est-ce que Thomas habite au troisième étage? —Non, il habite au cinquième.
3. Elle travaillait dans le septième arrondissement. Maintenant elle travaille dans le quatorzième.
4. Sa voiture est arrivée en troisième position. La mienne, en cinquième.
5. —Est-ce que son anniversaire est le cinq juin? —Non, c'est le premier.
6. —Est-ce que c'est son premier bébé? —Non, c'est son troisième.
7. Le siège de ce journal était dans le sixième arrondissement. Maintenant il est dans le dixième.
8. Les premières questions d'un examen sont toujours plus difficiles que les dernières.
9. Les bureaux sont au neuvième étage. La cafétéria au dixième.
10. Le musée du Louvre est dans le premier arrondissement. Le musée Rodin, dans le septième.

Unit 14   Relative Pronouns

14-1

1. qui
2. qui
3. qu'
4. qui
5. qui
6. que
7. qui
8. que
9. qui
10. qu'
11. qui
12. que
13. que
14. que
15. qui
16. qu'
17. qui
18. que
19. qui
20. qui

14-2

1. Ils regrettent la chaumière qu'ils ont vendue.
2. Il écrit à sa tante qu'il ne voit pas souvent.
3. Elle aime son travail qui est exigeant.
4. Vous prenez les médicaments que le médecin prescrit.
5. Les marins qui sont fatigués rentrent au port.
6. Ils attendent leurs amis qui sont en retard.
7. Elle a trouvé les dossiers qu'elle cherchait.
8. Ils envoient la liste que les clients attendent.
9. Le restaurant qu'ils fréquentent est branché.
10. Il remercie son oncle qui lui a donné sa vieille voiture.
11. Maud aime les fleurs que le jardinier fait pousser.
12. Il enseigne dans un lycée qui se trouve en banlieue.
13. Vous habitez dans une maison qui est en pleine campagne.
14. Il regarde les films que tu recommandes.
15. Elles arrivent au théâtre qui est à Montparnasse.
16. Je connais le poème qu'elle récite.
17. Pour son bébé, elle a choisi un prénom qui est joli.
18. Il a engagé une interprète qui est compétente.
19. J'ai interviewé l'écrivain qu'ils ont invité.
20. Vous aimez le parfum qu'ils ont créé.

14-3

1. à qui
2. avec lesquelles
3. par laquelle
4. pour qui
5. à laquelle
6. parmi lesquels
7. entre lesquels
8. chez qui
9. selon lequel
10. à qui
11. sur laquelle
12. à qui
13. avec lequel
14. avec qui
15. pour lequel
16. à laquelle
17. pour qui
18. avec laquelle
19. avec qui
20. chez qui

14-4

1. où
2. dont
3. dont
4. dont
5. où
6. dont
7. dont
8. dont
9. où
10. dont
11. où
12. dont
13. dont
14. dont
15. dont
16. où
17. dont
18. où
19. où
20. dont

14-5

1. Ce que
2. Ce dont
3. Ce qui
4. Ce que
5. Ce à quoi
6. Ce à quoi
7. Ce dont
8. Ce dont
9. Ce dont
10. Ce à quoi
11. Ce que
12. Ce qui
13. Ce que
14. Ce dont
15. Ce qui
16. Ce à quoi
17. Ce qui
18. Ce qui
19. Ce qu'
20. Ce qui

14-6

1. Ce dont j'ai besoin, c'est d'un nouveau piano.
2. Ce à quoi il s'intéresse, c'est à ce vieux château.
3. Ce qu'Yves aime, c'est le thé à la menthe.
4. Ce à quoi je pense, c'est à une nouvelle stratégie.
5. Ce que j'ai vu dans sa maison était merveilleux.
6. Ce dont je me souviens, c'est de sa voix.
7. Ce dont vous parlez est fascinant.
8. Ce à quoi je ne peux pas m'habituer, c'est au temps froid.
9. Ce que je demande, c'est une réponse.
10. Ce qu'il mange est très épicé.

14-7

1. qu'
2. qu'
3. lequel
4. laquelle
5. où
6. qu'
7. qui
8. Ce dont
9. que
10. qui
11. lesquelles
12. ce qu'
13. qui
14. Ce que
15. que
16. Ce dont
17. qui
18. Ce dont
19. Ce qui
20. où

Part II Prepositions
Unit 15   Prepositions with Geographical Names

15-1

1. en Chine
2. au Mali
3. au Maroc
4. au Portugal
5. aux États-Unis
6. en Belgique
7. à Milan
8. en Argentine
9. en Patagonie
10. au Vietnam
11. en Hongrie
12. au Kenya
13. à Paris
14. en Sibérie
15. au Caire
16. à Madrid
17. en Inde
18. en Turquie
19. au Laos
20. au Canada

15-2

1. Je m'appelle Christian. J'habite à Amsterdam, en Hollande.
2. Je m'appelle Paolo. J'habite à Venise, en Italie.
3. Je m'appelle Phong. J'habite à Hanoi, au Vietnam.
4. Je m'appelle Laure. J'habite à Rouen, en France.
5. Je m'appelle Christopher. J'habite à Londres, en Angleterre.
6. Je m'appelle Maria. J'habite à Mexico, au Mexique.
7. Je m'appelle Patrick. J'habite à Bruxelles, en Belgique.
8. Je m'appelle Ahmadou. J'habite à Abidjan, en Côte d'Ivoire.
9. Je m'appelle Akiko. J'habite à Tokyo, au Japon.
10. Je m'appelle Cheng. J'habite à Shanghai, en Chine.
11. Je m'appelle Vladimir. J'habite à Moscou, en Russie.
12. Je m'appelle Youssef. J'habite à Marrakech, au Maroc.
13. Je m'appelle Rachida. J'habite à Alger, en Algérie.
14. Je m'appelle Amin. J'habite à Alexandrie, en Égypte.
15. Je m'appelle Christina. J'habite à Varsovie, en Pologne.
16. Je m'appelle Karl. J'habite à Berlin, en Allemagne.
17. Je m'appelle Jean. J'habite à Genève, en Suisse.
18. Je m'appelle Hugo. J'habite à Caracas, au Venezuela.
19. Je m'appelle Pablo. J'habite à Quito, en Équateur.
20. Je m'appelle Karim. J'habite à Istanbul, en Turquie.

15-3

1. Mon ami Julien va en Normandie et en Bretagne.
2. Nos voisins vont à Tahiti et à Hawaii.
3. Ma sœur et mon beau-frère vont au Montana et au Wyoming.
4. Corinne va en Oregon et en Alaska.
5. Nous allons en Alsace et en Auvergne.
6. Mes amis vont en Aquitaine et dans le Languedoc.
7. Je vais en Haïti et en Guadeloupe.
8. Bernard va en Lorraine et en Champagne.
9. Vous allez en Anjou et en Vendée.
10. Le camionneur va en Californie et en Arizona.

15-4

1. en France
2. en Inde
3. au Sénégal
4. aux États-Unis
5. en Russie
6. en Italie
7. en Afrique du Sud
8. au Vietnam
9. en Allemagne
10. en Angleterre

15-5

1. d'Inde
2. du Guatemala
3. du Chili
4. d'Espagne
5. de Norvège
6. de Suisse
7. du Colorado
8. de France
9. des Antilles
10. du Togo

15-6

1. en Inde
2. en Grande-Bretagne
3. en Italie
4. en Chine
5. en France
6. aux États-Unis
7. au Pérou
8. en Égypte
9. en Grèce
10. au Cambodge

15-7

1. Marc est propriétaire d'une librairie à Dublin.
2. Elle est allée en Australie l'été dernier.
3. Je suis revenu du Sénégal hier soir.
4. Léo a acheté une maison au Brésil.
5. Est-il à Tahiti?
6. Ce chanteur a une maison au Montana et une autre au Mexique.
7. Julie a perdu ses boucles d'oreille en Espagne.
8. L'appartement de Karim est au Caire.
9. Ce roi a des châteaux en Allemagne et en Autriche.
10. Ils ont ouvert une boulangerie au Vietnam.
11. Nabila va en Provence deux fois par an.
12. Théo m'a envoyé une carte postale d'Irlande.
13. Son fils a trouvé un emploi en Californie.
14. En Inde, la cuisine est délicieuse.
15. Ils importent des produits de Chine.
16. Elle a acheté ce collier au Maroc.
17. Voulez-vous aller à New York avec moi la semaine prochaine?
18. Ludovic veut travailler à Toulouse.
19. Noémie enseigne le français en Pologne.
20. Allons en Floride pour le week-end!

Unit 16 Common Prepositions

1. Selon lui, Julie est à Madrid.
2. Nous sommes allés au théâtre avec eux.
3. Mélanie l'attend devant la boulangerie.
4. Tes chaussures sont sous le lit.
5. Il marche vers le parc.
6. La chaise est contre le mur.
7. Il est arrivé après moi.
8. Il est sorti malgré la pluie.
9. Envoyez-moi la lettre avant mardi!
10. Le chat s'est assis entre nous.

16-2

1. chez	6. au
2. d'	7. chez
3. sans	8. Chez
4. Chez	9. avec
5. chez	10. aux

16-3

1. sur	6. dans
2. sur	7. sur
3. dans	8. sur
4. le	9. en
5. dans	10. au

1. à	6. en
2. au	7. à
3. en	8. en
4. à	9. à
5. en	10. en

16-5

1. Ils partent pour l'Irlande dans quelques jours.
2. Chez ce petit garçon, tout est pathologique.
3. Que faites-vous le dimanche?
4. La femme au chapeau de paille est une actrice célèbre.
5. Il adore la glace au chocolat.
6. Ils ont ouvert une bonne bouteille de vin pour son anniversaire.
7. Selon lui, Carole est à Hawaii.
8. Nous avons vu beaucoup de moulins en Hollande.
9. S'il te plaît, donne-moi une tasse de thé.
10. Allons chez Tante Sophie cet après-midi.
11. Simone de Beauvoir est morte en 1986.
12. Avez-vous une chambre qui donne sur la Seine?
13. Je vais au travail à pied tous les jours.
14. Leur bureau est au dixième étage.
15. Elle l'a regardé d'un air perplexe.
16. Le château donnait sur l'océan.
17. Julie ne travaille que trois jours sur sept.
18. À quelle heure commence la réunion?
19. L'écrivain a écrit ce chapitre en deux semaines.
20. Combien d'argent as-tu sur ton compte en France?

Unit 17   Compound Prepositions

17-1

1. Armelle est arrivée au milieu de la nuit.
2. D'après eux, elle travaille à Strasbourg.
3. Ils habitent loin de Paris.
4. À l'instar de sa mère, il est devenu chanteur.
5. J'ai laissé les valises en bas.
6. Elle est devenue célèbre en dépit d'elle-même.
7. Quant à moi, je n'ai pas de projets pour cet été.
8. Faute d'argent, il est resté chez lui.
9. Il est à notre merci.
10. Ils ont accepté de peur de les décevoir.
11. Face à de tels problèmes, il ne sait pas comment réagir.
12. Signez en bas de cette page.
13. Au lieu de perdre encore plus de temps, téléphone-lui!
14. Il a organisé un voyage en Argentine à l'insu de ses parents.
15. Il l'a appris à ses dépens.
16. Le taux du dollar est plus bas en comparaison à l'an dernier.
17. Je peux la voir à travers la vitre.
18. Cette ville a beaucoup changé à travers les siècles.
19. Carmen aime marcher le long de la rivière.
20. Il m'a donné ces fleurs en guise de remerciement.

17-2

1. à l'instar de
2. à force de
3. en haut de
4. au bord de
5. D'après
6. faute d'
7. Au lieu de
8. à partir de
9. à l'insu de
10. loin de

17-3

1. à même de
2. à cause de
3. grâce à
4. grâce à
5. en raison de
6. à même
7. à même de
8. à cause de
9. en raison d'
10. à même

Unit 18   Prepositions with Verbs

18-1
1. d'
2. de
3. à
4. à
5. d'
6. à
7. à
8. de
9. de
10. X
11. de
12. de
13. à
14. de
15. X
16. de
17. de
18. X
19. de
20. d'

18-2
1. Il a peur de parler en public.
2. Manon envisage d'acheter une maison en Italie.
3. Didier faisait semblant de dormir.
4. Ils l'ont empêché de parler.
5. Nous nous attendons à sa visite.
6. Elle a refusé de danser avec lui.
7. Il a évité de leur donner la réponse exacte.
8. Mia apprend à jouer du piano.
9. Mon voisin projette d'aller en Europe l'été prochain.
10. Ils espèrent recevoir une réponse.
11. Le policier a menacé de l'arrêter.
12. Elle a l'intention de trouver un emploi à Berlin.
13. Paola l'a convaincu d'aller au Pérou.
14. Elle a oublié d'acheter du lait.
15. Il tient à vous parler aujourd'hui.
16. Céline s'habitue à travailler avec cette équipe.
17. Le technicien m'a aidé à réparer la machine.
18. Qu'est-ce que tu as envie de manger ce soir?
19. Samuel n'aime pas faire la cuisine.
20. Essayez de l'aider!

18-3
1. Tu réfléchis après lui avoir téléphoné.
2. Nous allons au cinéma après avoir dîné.
3. Je réfléchis après leur avoir donné une réponse.
4. Tu lis le guide après être arrivé à destination.
5. Georges pose une question après avoir regardé le menu.
6. Prends des vacances après avoir fini ton projet!
7. Le décorateur choisit des meubles après avoir rencontré son client.
8. Zoé commence à parler après avoir dit bonjour à tout le monde.
9. Léo se lave les cheveux après s'être rasé.
10. Hughes accepte l'invitation après avoir rencontré Fanny.

18-4

1. du
2. de
3. à
4. de
5. de
6. de
7. de
8. à
9. par
10. au
11. à
12. de
13. X
14. aux
15. à
16. de
17. par
18. à
19. d'
20. de

18-5

1. Elle déteste être en retard.
2. Il a peur de conduire la nuit.
3. Ce plat manque de sel.
4. Son oncle croit à cette nouvelle théorie scientifique.
5. Elle tient à ces vieilles cartes postales de Paris.
6. Mon amie Chloé me manque.
7. Regardez les étoiles!
8. Le chef d'orchestre distrait cherche sa baguette.
9. Vous devez les inviter.
10. Ils ont consenti à venir.
11. Il apprend à conduire.
12. Je m'habitue à travailler tard.
13. Je me souviens d'avoir envoyé ce message.
14. Le ministre n'hésitera pas à prendre des décisions impopulaires.
15. Elle a renoncé à essayer de comprendre la situation.
16. Il joue du tuba.
17. Elle a fini par se décider.
18. Elle a téléphoné à son amie Julie avant de sortir.
19. J'ai posé une question après avoir regardé le menu.
20. J'ai envie d'aller à la plage.

18-6

Arnaud s'intéresse **à** la politique. Il commence **à** lire le journal tôt le matin. Il s'attend toujours **à** trouver des incohérences. Il espère **X** trouver des fautes avant même **d'**avoir lu l'article. Il s'amuse d'abord **à** chercher les fautes d'orthographe puis celles de syntaxe. Il soupçonne les journalistes **de** ne pas dire toute la vérité. Il leur reproche **d'**être trop vagues. Souvent, il envoie un message au rédacteur en chef **pour** se plaindre. En vain, car personne ne répond jamais **à** Arnaud!

18-7	

1. à
2. de
3. à
4. d'
5. de
6. X
7. de
8. d'
9. à
10. de
11. de
12. de
13. X
14. à
15. de
16. à
17. à
18. de
19. d'
20. de

Review Exercises

R-1

1. la mienne
2. La nôtre
3. la leur
4. les tiens
5. le nôtre
6. le sien
7. les leurs
8. la mienne
9. les vôtres
10. les leurs

R-2

1. Il aime sa voiture. J'aime la mienne.
2. La mienne est une voiture hybride.
3. Nous préférons prendre notre voiture. Il préfère prendre la sienne.
4. Mes amis viennent avec moi. Les tiens vont avec toi.
5. Votre ordinateur est le modèle actuel, le nôtre est plus vieux.
6. Je voudrais garder mon portable, mais elle voudrait remplacer le sien.
7. Je passe mes vacances à la campagne cet été. Ils passent les leurs en ville.
8. Leur idée est meilleure que la mienne.
9. Ses objections sont sérieuses, les nôtres ne le sont pas.
10. Ses recommandations sont intéressantes. Les leurs sont inacceptables.

R-3

1. en
2. au
3. à; en
4. au
5. au
6. au
7. à
8. à
9. en
10. aux

R-4

Ma sœur préfère rester à New York en été. De New York, il est facile d'aller à Boston ou à Washington, D.C. Elle pourrait aussi prendre le train pour aller au Canada. De Montréal, elle peut prendre un autre train pour aller à Québec. Québec est la capitale du Québec. Si elle a assez de temps, elle devrait aller en Nouvelle-Écosse.

R-5

1. avec, sans
2. à
3. au; du
4. dans
5. Chez
6. sauf
7. derrière
8. sans
9. en
10. entre

R-6

À Paris, nous achetons nos croissants le matin chez Maurice. C'est un boulanger traditionnel. Il les fait avec du beurre–du vrai beurre! Sa boulangerie est sur la place, en face de l'église. Tout le monde y va le dimanche pour acheter du pain et des croissants. Selon les voisins, Maurice est l'un des meilleurs boulangers. Il est très aimable envers ses clients.

R-7

1. en
2. par
3. de
4. de; de
5. de
6. d'
7. par
8. d'
9. de
10. de

R-8

1. Vu, Étant donné
2. aux
3. à
4. Malgré; En dépit de
5. par, chez
6. sur
7. chez, par
8. Dès
9. envers, pour
10. sauf, hormis

R-9

1. D'après
2. à cause d'
3. face à
4. en dépit de
5. Par rapport à
6. loin de

R-10

Louer un appartement n'est pas facile. Selon les experts, c'est une des choses les plus stressantes. Quand vous décidez d'en louer un, à l'exception de situations très rares, vous êtes à la merci du propriétaire. Si vous avez de la chance, vous en trouverez un près de votre bureau. Si l'appartement est loin de votre travail, vous devrez faire la navette. Ce n'est pas la fin du monde. Pendant ce temps, vous pourrez lire ou même dormir. À force de chercher, vous finirez par trouver quelque chose.

R-11

1. Nous y pensons.
2. Alice s'y intéresse.
3. Elle y a consacré sa vie.
4. Florence ne s'y est jamais accoutumée.
5. Le ministre y a répondu.
6. Les syndicats n'y renonceront jamais.
7. J'y réfléchirai.
8. Sa tante Anne-Sophie y croit.
9. Je ne m'y fie pas.
10. Les habitants de ce village y tiennent.

R-12

1. Fabrice en a envie.
2. Nos voisins de palier en ont l'intention.
3. Ne t'en fais pas! Je m'en occuperai.
4. Ne vous en approchez pas trop!
5. Ma sœur s'en est enfin débarrassée.
6. Ils en ont peur.
7. Mathilde ne s'en souvient pas.
8. Véronique s'en sert toujours.
9. Le maire n'en a pas parlé.
10. Son ex-femme s'en chargeait.

R-13

1. Les responsables de l'organisation n'y ont pas obéi.
2. Mélanie s'y est abonnée.
3. Demain, le directeur en parlera.
4. Je n'y ai jamais pensé.
5. Frédéric s'en est approché avec prudence.
6. Charles y tient trop.
7. Mon oncle Victor ne s'en débarrassera jamais.
8. Claire s'en sert toujours.
9. Tu y tiens vraiment?
10. Ma cousine Christine en a peur.

R-14

1. Je vais en acheter une cette année.
2. Il doit le finir avant la réunion demain.
3. Ma sœur compte la vendre d'ici un mois.
4. Tu ne vas pas la croire.
5. Nous voudrions l'acheter, mais il est trop cher.
6. Je vais le maîtriser.
7. Allez-vous le lui envoyer ce soir?
8. Elle espère en trouver un.
9. Tu vas la lui apprendre.
10. Vous devez les prendre le matin.

R-15

1. qui
2. que
3. que
4. que
5. que
6. que
7. que
8. qui
9. qui
10. qui

R-16

1 to 10: dont

R-17

1. Ce dont
2. Ce à quoi
3. Ce que
4. Ce qui
5. Ce qui
6. Ce que
7. Ce dont
8. Ce dont
9. Ce à quoi
10. Ce dont

R-18

1. à laquelle
2. pour laquelle
3. Ce qui
4. que
5. qui
6. à laquelle
7. qui
8. Ce à quoi
9. que
10. parmi lesquels

R-19

1. Prends la raquette avec laquelle je joue.
2. Il déteste son patron qui est trop désagréable.
3. Carole cueille les fleurs que son jardinier plante.
4. Achetez des épices sans lesquelles vous ne pourrez pas faire ce ragoût.
5. C'est l'ordinateur portable avec lequel Julien travaille.
6. On menace de limoger le ministre qui est accusé de fraude fiscale.
7. C'est une grande entreprise pour laquelle Fabrice travaille.
8. Je vous présente Chloé par qui nous avons appris la nouvelle.
9. Cécile a parlé aux touristes chinois à côté de qui elle était assise.
10. J'avais des collègues super parmi lesquels il y avait beaucoup d'Argentins.

R-20

1. se sont mariés
2. se sont retrouvés
3. se sont levés
4. s'est envolé
5. se sont téléphonés
6. s'est évanouie
7. se sont écrits
8. s'est maquillée
9. nous sommes promené(e)s
10. vous êtes occupés

R-21

1. s'est ouverte
2. nous sommes amusé(e)s
3. me suis assis(e)
4. s'est vidée
5. se sont opposés
6. nous sommes défendu(e)s
7. t'es couché(e)
8. vous êtes cherché(e)s
9. s'est cachée
10. s'est écrasé

R-22

1. On produit du café au Brésil.
2. On crée des mangas au Japon.
3. On danse le tango en Argentine.
4. On boit du café à Hawaï.
5. On fait de la raquette au Canada.
6. On fabrique du tweed en Écosse.
7. On boit de la bière noire en Irlande.
8. On aime les cafés philosophiques en France.
9. On fabrique les Ford au Michigan.
10. On mange avec des baguettes en Chine.

R-23

1. On parle français en Nouvelle-Calédonie.
2. On pense que ce ministre devrait démissionner.
3. On ne doit pas parler si fort dans une église.
4. On est vraiment surpris qu'il ait gagné la compétition.
5. On va à la boutique Apple au Carrousel du Louvre?
6. On enlève ses chaussures avant d'entrer dans une pagode.
7. En France, on mange les asperges avec les mains.
8. Ah, Sophie, on s'amuse dans le laboratoire de chimie!
9. On part maintenant.
10. On doit payer des impôts chaque année.

R-24

1. Quelqu'un
2. n'importe qui
3. quelque chose
4. N'importe qui
5. d'autrui
6. n'importe quoi
7. Quelque chose
8. d'autrui
9. quelqu'un
10. n'importe quoi

R-25

1. Apporte quelque chose à la soirée!
2. C'est quelqu'un que tu devrais rencontrer.
3. Le président a quelque chose d'important à dire à l'un de ses ministres.
4. Je cherche quelqu'un pour aller au Pérou avec moi.
5. On a besoin de quelque chose d'autre à manger pour le pique-nique.
6. Il connaît quelqu'un dans le département de chimie.
7. Un musicien a découvert quelque chose de nouveau dans l'œuvre de Mozart.
8. Quelqu'un était dans le bureau pendant la nuit.
9. Il ne peut pas écrire quelque chose d'aussi horrible!
10. La souris a trouvé quelque chose à manger dans la cuisine.

R-26

1. Celui
2. Celles
3. ceux
4. Celle
5. Ceux
6. Celle
7. Celles
8. Celui
9. Ceux
10. celui

R-27

1. Qu'est-ce qu'elle veut pour son anniversaire?
2. Qu'est-ce que vous faites le dimanche?
3. Qu'est-ce qu'il prépare pour son retour?
4. De quoi est-ce qu'il s'agit dans ce livre?
5. Avec quoi est-ce que vous cuisinez?
6. À quoi est-ce que tu penses?
7. Qu'est-ce que vous avez acheté?
8. En quoi est-ce que c'est?
9. À quoi est-ce qu'ils s'accoutument?
10. De quoi est-ce que vous parlez?

R-28

1. Chez qui avez-vous rencontré cet artiste?
2. Avec qui avez-vous déjeuné vendredi?
3. Pour qui cherchez-vous quelque chose?
4. Chez qui aimez-vous passer vos vacances?
5. À qui avez-vous donné votre parapluie?
6. De qui parlez-vous?
7. Qui avez-vous vu au supermarché?
8. Avec qui partez-vous en vacances?
9. Qui avez-vous aperçu à l'école?
10. De qui avez-vous peur?